全国注册咨询工程师（投资）职业资格考试
考点突破＋历年真题＋预测试卷——

项目决策分析与评价

（2025 版）

全国注册咨询工程师（投资）职业资格考试试题分析小组　编

机械工业出版社

全书共分九章，主要内容包括绪论、项目规划及其报告、项目可行性研究及其报告、项目申请书（报告）、资金申请报告、建设方案研究与比选、社会评价、不确定性分析与风险分析、项目后评价及其报告。每章均包括本章核心考点分布、专家剖析考点、本章核心考点必刷题、本章真题实训、本章真题实训答案及解析、本章同步练习、本章同步练习答案。书中附两套2025年考试预测试卷。

本书涵盖了考试复习重点，内容精练，重点突出，习题丰富，既可作为考生参加全国注册咨询工程师（投资）职业资格考试的应试辅导教材，也可作为大中专院校师生的教学参考书。

图书在版编目（CIP）数据

全国注册咨询工程师（投资）职业资格考试考点突破＋
历年真题＋预测试卷. 项目决策分析与评价：2025版／
全国注册咨询工程师（投资）职业资格考试试题分析小组
编. --4版. --北京：机械工业出版社，2024. 11.
ISBN 978-7-111-76600-1

Ⅰ. F830. 59

中国国家版本馆 CIP 数据核字第 20246CA293 号

机械工业出版社（北京市百万庄大街22号　邮政编码100037）
策划编辑：张　晶　　　　　责任编辑：张　晶　张大勇
责任校对：龚思文　李　婷　　封面设计：张　静
责任印制：常天培
北京机工印刷厂有限公司印刷
2024 年 11 月第 4 版第 1 次印刷
184mm×260mm · 9. 5 印张 · 267 千字
标准书号：ISBN 978-7-111-76600-1
定价：69. 00 元

电话服务　　　　　　　　　网络服务
客服电话：010-88361066　　机　工　官　网：www.cmpbook.com
　　　　　010-88379833　　机　工　官　博：weibo.com/cmp1952
　　　　　010-68326294　　金　书　网：www.golden-book.com
封底无防伪标均为盗版　机工教育服务网：www.cmpedu.com

前　言

　　参加全国注册咨询工程师（投资）职业资格考试的考生大多数是已经参加工作的在职人员，他们不会像全日制学生那样系统地参加学习，大多是通过自学，少了一种学习的氛围，而且学习时间也不可能有充分的保障。基于对考生在学习中存在上述困难的深刻认识，我们认为一本好的辅导书对他们来说就显得尤为重要，这也正是我们编写本书的出发点。

　　本书以考试大纲为中心，以历年真题为导向，针对近年来考查频次较高以及有可能进行考查的考点进行深度解析，以"一题干多选项"的形式，力图在各考点之间建立起关联性、系统性的框架，以帮助考生深度理解和全面掌握各章节考点内容，做到举一反三，掌握好一个题就相当于掌握了一类题，以此帮助考生事半功倍地准备复习，赢得考试。

　　本书的特点如下：

　　围绕大纲，构建知识体系。本书中的"专家剖析考点"是按照考试大纲要求的考核重点进行剖析的，简明扼要地阐述了考试大纲对考生应知应会的要求。这部分内容为考生指明了备考学习的方向，考生根据这一部分内容可以确定命题所涉及知识体系的重要程度。

　　突出重点，注重把握主次。本书中的"核心考点必刷题"形式打破传统思维，采用归纳总结的方式进行题干与选项的优化设置，将重要考点可能出现的题目都一一列举。为了让考生既能选出正确答案，又会区分干扰答案，不但将可能出现的正确选项一一列举，还将互为干扰选项整合到一起，这样设置有利于考生对比区分记忆，大大压缩了考生的复习时间。

　　注重全局，不搞题海战术。本书中的"真题实训"收集了近几年的真题，可以帮助考生掌握考试命题的规律，也让考生了解命题的方式，准确地把握考试的精髓。在选题上尽量选择那些有代表性、能够起到举一反三作用的题让考生进行自测，做过这些真题后，考生就会恍然大悟，原来考试就是这样命题的。

　　实战练习，提前进入状态。本书中的"预测试卷"的题量、难易程度和采分点均与标准试卷完全一致，而且均为经典题目，可帮助考生整体把握考试内容的知识体系，让考生逐步提高"题感"，为考生胸有成竹地步入考场奠定基础。

　　答疑服务，解决考生疑难。编写组专门为考生配备了专业答疑老师解决疑难问题。

　　由于编写时间有限，书中不妥之处在所难免，恳请各位考生及同仁不吝赐教，以便再版时进行修正。

目录

考 试 介 绍

一、报考条件

报考科目	报考条件
考全科	参加 4 个科目考试（级别为考全科）的人员必须在连续 4 个考试年度通过应试科目： 1. 取得工学学科门类专业，或者经济学类、管理科学与工程类专业大学专科学历，累计从事工程咨询业务满 8 年 2. 取得工学学科门类专业，或者经济学类、管理科学与工程类专业大学本科学历或者学位，累计从事工程咨询业务满 6 年 3. 取得含工学学科门类专业，或者经济学类、管理科学与工程类专业在内的双学士学位，或者工学学科门类专业研究生班毕业，累计从事工程咨询业务满 4 年 4. 取得工学学科门类专业，或者经济学类、管理科学与工程类专业硕士学位，累计从事工程咨询业务满 3 年 5. 取得工学学科门类专业，或者经济学类、管理科学与工程类专业博士学位，累计从事工程咨询业务满 2 年 6. 取得经济学、管理学学科门类其他专业，或者其他学科门类各专业的上述学历或者学位人员，累计从事工程咨询业务年限相应增加 2 年
考 2 科	凡符合考全科报考条件并具备下列条件之一者，可免试《宏观经济政策与发展规划》《工程项目组织与管理》科目，只参加《项目决策分析与评价》和《现代咨询方法与实务》2 个科目的考试。参加 2 个科目考试的人员，须在连续 2 个考试年度内通过应试科目的考试： 1. 获得全国优秀工程咨询成果奖项目或者全国优秀工程勘察设计奖项目的主要完成人 2. 通过全国统一考试取得工程技术类职业资格证书，并从事工程咨询业务工作满 8 年

二、考试简介

注册咨询工程师（投资）考试设 4 个科目，分别是《宏观经济政策与发展规划》《工程项目组织与管理》《项目决策分析与评价》《现代咨询方法与实务》。

《宏观经济政策与发展规划》《工程项目组织与管理》《项目决策分析与评价》3 个科目为客观题，用 2B 铅笔在答题纸上作答。《现代咨询方法与实务》科目为主观题，在专用答题卡上作答。应试人员在答题前要认真阅读试卷封二的"应试人员注意事项"和答题卡首页的"作答须知"，使用规定的作答工具在答题卡划定的区域内作答。应试人员应考时，应携带黑色墨水笔、2B 铅笔、橡皮和无声无文本编辑存储功能的计算器。

三、考试时间及合格标准

科目	考试时间	题型题量	满分	合格标准
宏观经济政策与发展规划	9:00—11:30	单项选择题 60 题，多项选择题 35 题	130	
工程项目组织与管理	14:00—16:30	单项选择题 60 题，多项选择题 35 题	130	78
项目决策分析与评价	9:00—11:30	单项选择题 60 题，多项选择题 35 题	130	
现代咨询方法与实务	14:00—17:00	案例分析题 6 题	130	

四、考试成绩管理

考试成绩实行滚动管理办法，参加全部 4 个科目考试（级别为考全科）的人员须在连续 4 个考试年度内通过全部科目；免试部分科目（级别为免 2 科）的人员须在 2 个考试年度内通过应试科目，方可取得资格证书。

历年考试题型说明

《项目决策分析与评价》考试全部为客观题。题型包括单项选择题和多项选择题两种。其中，单项选择题每题 1 分；多项选择题每题 2 分。对于单项选择题来说，备选项有 4 个，选对得分，选错不得分也不倒扣分。而多项选择题的备选项有 5 个，其中有 2 个或 2 个以上的备选项符合题意，至少有 1 个错项（也就是说正确的选项应该是 2 个、3 个或 4 个）；错选，本题不得分（也就是说，所选择的正确选项中不能包含错误的答案，否则得 0 分）；少选，所选的每个选项得 0.5 分（如果所选的正确选项缺项，且没有错误的选项，那么，每选择 1 个正确的选项就可以得 0.5 分）。因此，我们建议考生对于单项选择题，宁可错选，不可不选；对于多项选择题，宁可少选，不可多选。

备考复习方略

一是依纲靠本。考试大纲是命题的依据，也是复习的指南。考生应根据考试大纲的要求，保证有足够多的时间去理解参考教材中的知识点，有效地把握复习重点，少走弯路。

二是循序渐进。要想取得好的成绩，比较有效的方法是把书看上三遍。第一遍是最仔细地看，每一个要点、难点不放过，这个过程时间应该比较长；第二遍看得较快，主要是对第一遍划出来的重要知识点进行复习；第三遍就很快，主要是看第二遍没有看懂或者没有彻底掌握的知识点。为此，建议考生在复习前根据自身的情况，制订一个切合实际的学习计划，依此来安排自己的复习。

三是把握重点。考生在复习时可能会过于关注参考教材上的每个段落、每个细节，没有注意到有些知识点可能跨好几个页码，对这类知识点之间的内在联系缺乏理解和把握，就会导致在做多项选择题时往往难以将所有答案全部选出来，或者由于分辨不清选项之间的关系而将某些选项忽略掉，甚至将两个相互矛盾的选项同时选入。为避免出现此类错误，建议考生在复习时，务必留意这些层级间的关系。每门课程都有其必须掌握的知识点，对于这些知识点，一定要深刻把握，举一反三，以不变应万变。

四是善于总结。善于总结就是在仔细看完一遍参考教材的前提下，一边看书，一边做总结性的笔记，把参考教材中每一章的要点都列出来，从而让厚书变薄，并理解其精华所在；要突出全面理解和融会贯通，并不是要求把参考教材的全部内容逐字逐句地死记硬背下来。而要注意准确把握文字背后的复杂含义，还要注意把不同章节的内在内容联系起来，能够从整体上对考试科目进行全面掌握。

五是精选资料。复习资料不宜过多，选一两本就行了，多了容易眼花，反而不利于复习。从某种意义上讲，考试就是做题。所以，在备考学习过程中，适当地做一些练习题和模拟题是考试成功必不可少的一个环节。多做练习固然有益，但千万不要舍本逐末，以题代学。练习只是针对所学知识的检验和巩固，千万不能搞题海大战。

在这里提醒考生在复习过程中应注意以下三点：

一是加深对基本概念的理解。对基本概念的理解和应用是考试的重点，考生在复习时，要对基本概念加强理解和掌握，对理论性的概念要掌握其要点。

二是把握一些细节性信息、共性信息。每年的真题中都有一些细节性的题目，考生在复习过程中看到这类信息时，一定要提醒自己给予足够的重视。

三是突出应用。考试侧重于对基本应用能力的考查，近年来这个特点有所扩大。

答题技巧

结合多年来的培训经验，我们给考生提出几点要求。

第一个要求就是要做到稳步推进。单项选择题掌握在每题1分钟的速度稳步推进，多项选择题按照每题1.5分钟的速度推进，这样下来，还可以有一定的时间做检查。单项选择题的难度较小，考生在答题时要稍快一点，但要注意准确率；多项选择题可以稍慢一点，但要求稳，以免被"地雷"炸伤。从提高准确率的角度考虑，强烈要求大家，一定要耐着性子把题目中的每一个字读完，常常有考生总感觉到时间不够，一眼就看中一个选项，结果就选错了。这类性急的考生大可不必"心急"，考试的时间是很合理的，也就是说，按照正常的答题速度，规定的考试时间应该有一定的富余，你有什么理由着急呢？

第二个要求就是要预留检查时间。考试时间是富余的，在这种情况下如何提高答题的准确度就显得尤为重要了。提高答题准确度的一个重要方法就是预留检查时间，我们建议考生至少要预留15～20分钟的时间来做最后的检查。从提高检查的效率来看，我们建议考生主要对难题和没有把握的题进行检查。在考场上，考生拿到的是一份试卷，一份答题卡，试卷可以涂写，答题卡不可以涂写，只能用铅笔去涂黑。建议大家在试卷上对一些拿不准的题目，在题号位置标记一个符号，这样在检查时就顺着符号去一个个找。

第三个要求就是要做到心平气和，把握好节奏。这点对考场心理素质不高的考生来讲十分重要。不少考生心理素质不高，考场有犯晕的现象，原本知道的题目却答错了，甚至心里想的是答案A，却涂成了C。怎么避免此类"自毁长城"的事情发生呢？我们这里给大家两点建议：不要被前几道题蒙住。有时候你一看到前面几道题，就有点犯晕，拿不准，心里就发毛了，这时候你千万要告诫自己，这只是出题者惯用的手法，先给考生一个下马威，没有关系，一定要稳住阵脚。

具体到答题技巧，给大家推荐四种方法：

一是直接法。这是解常规的客观题所采用的方法，就是选择你认为一定正确的选项。

二是排除法。如果正确答案不能一眼看出，应首先排除明显是不全面、不完整或不正确的选项，正确的选项几乎是直接抄自于考试指定教材或法律法规，其余的干扰选项要靠命题者自己去设计，考生要尽可能多排除一些干扰选项，这样就可以提高你选择出正确答案而得分的概率。

三是比较法。直接把各备选项加以比较，并分析它们之间的不同点，集中考虑正确答案和错误答案的关键所在。仔细考虑各个备选项之间的关系。不要盲目选择那些看起来像、读起来很有吸引力的错误答案，中了命题者的圈套。

四是猜测法。如果你通过以上方法都无法选择出正确的答案，也不要放弃，要充分利用所学知识去猜测。一般来说，排除的项目越多，猜测正确答案的可能性就越大。

第一章

绪 论

一、本章核心考点分布

```
                        ┌─ 项目目标（2018年、2019年、2020年、2022年、2023年、2024年）
                        │
                        ├─ 项目决策应遵循的原则（2018年、2019年、2020年、2022年、2023年、2024年）
                        │
                        ├─ 政府投资项目与企业投资项目决策的区别（2019年、2022年、2023年、2024年）
                        │
                        ├─ 项目决策分析与评价的任务和基本要求（2019年、2022年、2023年、2024年）
                        │
                        ├─ 项目评估的任务、原则、作用及分类（2019年、2020年、2022年、2023年）
                        │
                        ├─ 投资项目决策程序（2018年、2020年、2023年、2024年）
                        │
                        ├─ 咨询机构的选择（2021年、2022年、2023年、2024年）
                        │
          绪论 ─────────┼─ 项目决策责任（2020年、2021年、2024年）
                        │
                        ├─ 项目评估机构管理与质量控制（2021年、2022年、2023年）
                        │
                        ├─ 咨询机构的责任（2020年、2021年）
                        │
                        ├─ PPP项目评估的内容和要点（2021年、2022年）
                        │
                        ├─ 投资项目的分类（2024年）
                        │
                        ├─ 投资机会研究、初步可行性研究、可行性研究的目的（2023年）
                        │
                        ├─ 项目前期咨询成果的质量保证（2022年）
                        │
                        └─ 项目决策的分类和过程
```

二、专家剖析考点

1. 掌握项目目标的两个层次，即具体目标和宏观目标，注意区分两个层次的具体内容，该考点是考试的热点。

2. 项目决策的5个原则要注意区分，一般会给出决策过程中的工作，判断是遵循哪条原则。

3. 投资项目决策程序中，要重点掌握审批制项目决策程序。

4. 项目评估的任务、原则、作用及分类考查频次较高，应重点掌握。不同部门委托项目评估的任务一般以单项选择题的形式进行考查。

5. 投资项目决策分为企业投资项目决策、政府投资项目决策、金融机构贷款决策，重点掌握政府投资项目与企业投资项目决策的区别。

6. 应能区分项目投资决策相关单位的职责和责任。考试时可能直接考查某单位承担的责任，也可能会考查判断正确或错误说法的综合题目。

7. 项目决策分析与评价的任务及基本要求是容易被忽略的考点，考生要注意。

8. 咨询机构的责任一般会考查单项选择题，考生需要注意区分。

9. 咨询机构的选择一般会考查单项选择题，考生需要和乙级资信评价标准进行区分。

10. PPP 项目评估的内容一般会以单项选择题的形式进行考查。

11. 熟悉投资项目从多个方面的分类。

12. 项目前期咨询成果的质量保证要熟练掌握，该知识点深受命题者青睐，需要作为备考重点。

13. 项目决策的 4 个过程也是常考命题点。

14. 投资机会研究的目的和重点内容一般会考查单项选择题，初步可行性研究的目的和深度要求是命题者喜欢的素材，注意掌握。

三、本章核心考点必刷题

考点1　项目目标

例：项目的功能目标包括（CDEFGHI）。

A. 确定建设规模的目标值

B. 确定市场及其占有份额

C. 扩大项目的生产规模，使单位产品的成本降低

D. 加工生产需要的原材料，使产品成本及经营风险降低

E. 延长项目产品的生产链，使项目产品的附加值提高

F. 引进先进的技术设备，使项目产品的技术和质量得到提高

G. 调整项目产品的结构

H. 通过专利技术，开发高新技术产品

I. 拓宽投资领域，使经营风险得到分散

J. 实现投资收益的具体目标值

K. 满足客观需要的程度

L. 满足提供服务的范围

M. 实现环境治理效果

N. 为人民生活提供便利

O. 为了国民经济的发展，使人民对项目产品产生更多要求的需要

P. 为了提高人民的生活质量

题号	拓展同类必刷题	答案
1	项目的规模目标是（　　）。	A
2	项目的市场目标是（　　）。	B
3	项目的效益目标包括（　　）。	JKLM
4	项目的宏观目标包括（　　）。	NOP

1. 本考点考查题型一般有以下几种：

（1）以判断正确与错误说法的表述题目考查，比如："关于项目建设目标的说法，正确/错误的是/有（ ）。"

（2）题干中表述具体的目标，判断属于哪一类，比如："某建设项目设定的目标之一是延长产品生产链，该目标属于（ ）。"

（3）选项中表述具体的目标，判断属于哪一类，比如例题题型。

2. 不同性质项目的宏观目标是有区别的，不同性质项目的具体目标也是不同的。这两句话都会作为表述题型的备选项考查。可能会设置的错误说法有："不同性质项目的宏观目标是相同的""不同性质项目的宏观目标是相同的，但具体目标各有不同"。

考点 2　项目决策应遵循的原则

例：在项目决策过程中，政府投资项目和企业投资的重大项目采取多种公众参与形式，广泛征求各个方面的意见和建议，以使策划和决策符合社会公众的利益诉求，该做法体现了投资决策原则中的（B）。

A. 科学决策原则　　　　　　　　　　B. 民主决策原则

C. 效益（效果）最大化原则　　　　　D. 风险责任原则

E. 可持续发展原则

题号	拓展同类必刷题	答案
1	投资决策过程中，坚持实事求是，在调查研究的基础上，甄别数据的合理性，保证数据来源可靠、计算口径一致和评价指标可比，保证分析结论真实可靠，该做法体现了投资决策原则中的（ ）。	A
2	投资决策过程中，为了提高决策的水平和质量，聘请项目相关领域的专家进行分析论证，以优化和完善建设方案，该做法体现了投资决策原则中的（ ）。	B
3	决策者在投资决策中，对投资项目进行独立的调查、分析、研究和评价，提出咨询意见和建议，该做法体现了投资决策原则中的（ ）。	B
4	在投资项目决策过程中，应遵循的原则包括（ ）。	ABCDE

◀))) **考点点评**

项目决策遵循的 5 个原则中，科学决策原则要记住 3 点：方法科学、依据充分、数据可靠；民主决策原则也要记住 3 点：专家论证、独立咨询、公众参与。

政府投资项目，风险责任原则：谁投资、谁决策、谁受益、谁承担风险。

考点 3　政府投资项目与企业投资项目决策的区别

例：下列关于政府投资项目与企业投资项目决策的说法，正确的有（ABCDEFGHI）。

A. 政府投资项目的投资方式一般是政府直接投资、注入资本金

B. 企业投资项目的投资方式一般是直接投资、合作（合伙）投资

C. 政府投资主管部门的投资决策依据是项目可行性研究报告的结论

D. 企业投资项目的决策依据是项目可行性研究报告

E. 政府投资以非经营性项目为主，原则上不直接投资于经营性项目

F. 企业投资项目主要以经营性项目为主，凡法律法规未禁入的领域均可以投资

G. 政府投资项目实行项目审批制

H. 企业投资项目由企业自行决策，政府备案

I. 实行备案制的投资项目，不再设置任何前置条件

1. 政府投资项目与企业投资项目决策的区别包括 4 点：投资主体和决策人不同；决策内容和程序不同；投资范围不同；决策过程和管理模式不同。

2. 选项 A、B 还可能会考查多项选择题，命题如下：

(1) 政府投资项目的投资方式有（   ）。

(2) 企业投资项目的投资方式有（   ）。

考点 4　项目决策分析与评价的任务和基本要求

例：在项目决策分析与评价过程中，应完成的主要任务包括（ABCDEFGHIJKL）。

A. 分析项目建设的可能性

B. 分析项目建设与产业政策的符合性

C. 分析项目建设与地区发展规划的符合性、与城乡规划的符合性

D. 分析项目建设的必要性

E. 比较并推荐先进、可靠、适用的项目建设方案

F. 计算分析项目的盈利能力、偿债能力、财务生存能力

G. 分析评价项目建设与运营所产生的外部影响

H. 分析评价项目的经济合理性

I. 分析评价项目与所处的社会环境是否和谐

J. 分析评价项目资源节约和综合利用效果

K. 分析项目存在的风险，并提出防范和降低风险的措施

L. 分析项目目标的可能实现程度，判别项目建设的必要性和技术经济的可行性

1. 本考点在考试时一般会以判断正确与错误说法的综合题目进行考查。可能会设置的干扰选项有："确定施工单位和施工组织计划""提出并推荐企业经营管理方案"。

2. 项目决策分析与评价的基本要求包括 6 点，可能会考查判断正确与错误说法的综合题目。

3. 项目决策分析与评价的方法归为 3 类：经验判断法、数学分析法、试验法。

考点 5　项目评估的任务、原则、作用及分类

例：不同的委托主体，对评估的内容及侧重点的要求有所不同。政府部门委托的政府投资项目核准评估要（A）。

A. 兼顾自身的投资效果、经济性和外部影响

B. 评估项目的产品市场前景和项目本身的内部性条件

C. 评估产品的市场竞争力、技术方案合理性、投资水平、资金来源、经济效益、项目本身的盈利能力和风险

D. 评估贷款资金的安全性

E. 评估融资主体的清偿能力和项目本身的生产经营风险

题号	拓展同类必刷题	答案
1	不同的委托主体，对评估的内容及侧重点的要求有所不同。企业委托的项目核准评估侧重于（　　）。	BC
2	不同的委托主体，对评估的内容及侧重点的要求有所不同。金融机构委托的项目核准评估侧重于（　　）。	DE

🔊 **考点点评**

　　1. 项目评估应坚持4个原则，即独立原则、公正原则、科学原则、可靠原则。

　　2. 项目评估的作用是有利于提高决策水平，有利于提高投资效益，有利于提高工程咨询成果质量。

　　3. 项目评估的分类可能会这样命题：

　　(1) 从项目评估内容的角度分类，项目评估可以分为（　　）。

　　(2) 从项目评估委托主体的角度分类，项目评估可以分为（　　）。

考点6　投资项目决策程序

例1： 政府投资项目实行审批制，对于一般项目需要审批的文件包括（ABC）。

　　A. 项目建议书　　　　　　　　　　B. 项目可行性研究报告

　　C. 初步设计　　　　　　　　　　　D. 开工报告

　　E. 资金申请报告　　　　　　　　　F. 项目申请书（报告）

题号	拓展同类必刷题	答案
1	对于有特殊影响的重大政府投资项目，应审批的文件包括（　　）。	ABCD
2	实行核准制的企业投资项目，不再经过批准（　　）程序。	ABD
3	对适用《中央预算内投资补助和贴息项目管理办法》《国家高技术产业发展项目管理暂行办法》《国际金融组织和外国政府贷款投资项目管理暂行办法》规定范围内的企业投资项目，需要报送（　　），单独审批。	E
4	实行核准制的企业投资项目，仅需向政府提交（　　）。	F

🔊 **考点点评**

　　1. 在审批制项目决策过程中，还可能会考的题目：

　　(1) 批复项目建议书，一般称为（　　）。答案为项目立项。

　　(2) 申报可行性研究报告应附文件包括（　　）。答案为选址意见书、用地预审意见、环境影响评价审批文件、节能评估报告书、节能评估报告表或节能登记表、社会稳定性风险评价。

　　(3) 对特别重大的项目应实行（　　）。答案为专家评议制度。

　　2. 对于实行核准制的投资项目，政府部门应在线审批监管平台或政务服务大厅实行并联核准。

　　上述内容可能会以判断正确与错误说法的题目考查。

例2： 根据《企业投资项目核准和备案管理条例》（国务院令第673号）的有关规定，实行备案管理的项目，企业应当在开工建设前通过在线平台告知备案机关的信息包括（ABCDEFG）。

　　A. 企业基本情况　　　　　　　　　B. 工程项目名称

C. 工程建设地点   D. 工程建设规模

E. 工程建设内容   F. 工程项目总投资额

G. 工程项目符合产业政策的声明

🔊 **考点点评**

  企业投资项目备案主要考查企业需要进行备案的信息，此外考生还需要了解以下4点内容：

  1. 根据《中共中央、国务院关于深化投融资体制改革的意见》，除《核准目录》范围以外的企业投资项目，一律实行备案制。

  2. 备案是指备案机关收到规定的全部信息。

  3. 如果企业告知的信息不齐全，备案机关应当指导企业补正。

  4. 备案机关不得设置任何前置条件。

例3： 关于投资补助和贴息项目资金申请报告申报与审批的说法，正确的有（ABCDE）。

  A. 报国务院审批、核准的项目，可以在报送可行性研究报告或者项目申请书（报告）时一并提出资金申请，不再单独报送资金申请报告

  B. 报国务院审批、核准的项目，可以在项目经审批或核准后，单独报送资金申请报告

  C. 被列入联合惩戒合作备忘录黑名单的项目单位，国家发展改革委不予受理其资金申请报告

  D. 资金申请报告可以单独批复，也可在下达年度投资计划时合并批复

  E. 批复资金申请报告应当确定给予项目的投资补助或贴息金额，可以一次或分次下达投资计划

🔊 **考点点评**

  1. 关于投资补助和贴息项目资金申请报告申报与审批，主要掌握上述内容，一般会以判断正确或错误说法的题目考查。

  2. 选项A、D如果设置错误选项，可能会这样设置：

  选项A可能设置的错误选项是：资金申请报告必须单独报送。

  选项D可能设置的错误选项是：资金申请报告必须在下达投资计划时合并批复。

例4： 根据《国际金融组织和外国政府贷款投资项目管理暂行办法》（国家发展改革委令第28号）的有关规定，国务院发展改革部门审批项目资金申请报告的条件有（ABCDEFG）。

  A. 符合国家利用国外贷款的政策   B. 符合国家利用国外贷款的使用规定

  C. 符合国外贷款备选项目规划   D. 项目已按规定履行审批、核准或备案手续

  E. 国外贷款偿还和担保责任明确   F. 国外贷款还款资金来源及还款计划落实

  G. 国外贷款机构对项目贷款已初步承诺

🔊 **考点点评**

  1. 有关国外贷款项目决策这部分内容，比较重要的考点是国外贷款项目决策程序和资金申请报告的审批。

  2. 有关国外贷款项目决策程序这部分内容，主要考查的是《国际金融组织和外国政府贷款投资项目管理暂行办法》（国家发展改革委令第28号）的有关规定。

  3. 纳入国外贷款备选项目规划的项目，应当区别不同情况履行相应审批、核准或备案手续。注意不同项目其审批、核准和备案的部门不同。

考点7 咨询机构的选择

例： 甲级资信评价标准分为甲级专业资信、PPP 咨询甲级专项资信以及甲级综合资信，下列可以作为评定甲级专业资信的条件有（EFGHIJKLM）。

A. 从事 PPP 咨询业务的咨询工程师（投资）7 人，法律、财务、金融等专业人员有 10 人，二者未重复计算

B. 满足甲级专业资信守法信用记录的要求

C. 近 3 年完成 PPP 咨询合同业绩 42 项

D. 从事 PPP 咨询业务 3 年

E. 单位咨询工程师（投资）12 人

F. 申请评价的专业配备了 5 个咨询工程师（投资）而且有 3 个具有本专业高级技术职称的人员，二者未重复计算

G. 单位主要的技术负责人为咨询工程师（投资），具有工程经济类高级技术职称，并且从事工程咨询业务有 10 年

H. 持完成国家级规划咨询 2 项且全部服务范围内业绩累计不少于 12 项

I. 单一服务范围内完成的业绩累计 40 项

J. 覆盖两个及以上服务范围的业绩累计 30 项

K. 项目咨询、评估咨询、全过程工程咨询三项服务范围内完成的单个项目投资额 15 亿元及以上业绩有 15 项

L. 没有列入工程咨询"黑名单"的情形

M. 单位从事工程咨询业务 6 年

N. 甲级专业资信 12 个

O. 甲级专业资信 6 个，同时咨询工程师（投资）有 36 人，13 个专业近 3 年都有业绩、12 个专业都配备了咨询工程师（投资）以及本专业高级技术职称人员各 1 人

P. 单位咨询工程师（投资）有 7 人

Q. 申请评价的专业配备了 3 个咨询工程师（投资）而且有 1 个具有本专业高级技术职称的人员，二者未重复计算

R. 单位主要的技术负责人是咨询工程师（投资），具有工程类高级技术职称，并且从事工程咨询业务 7 年

S. 申请评价的专业近 3 年全部服务范围内完成的合同业绩累计有 16 项

T. 单位从事咨询业务 4 年

U. 单位从事 PPP 咨询业务的咨询工程师（投资）有 4 人，法律、财务、金融等专业人员 6 人，二者未重复计算

V. 近 3 年完成 PPP 咨询合同业绩有 20 项

W. 单位从事 PPP 咨询业务有 2 年

题号	拓展同类必刷题	答案
1	下列条件中，可以评定为 PPP 咨询甲级专项资信的有（　　）。	ABCD
2	下列条件中，可以评定为甲级综合资信的有（　　）。	NO
3	乙级资信评价标准分为乙级专业资信和 PPP 咨询乙级专项资信，其中乙级专业资信包括（　　）。	PQRST
4	下列可以作为评定 PPP 咨询乙级专项资信的条件有（　　）。	UVW

1. 工程咨询单位资信评价标准以近3年的专业技术力量、合同业绩、守法信用记录为主要指标。

2. 本考点涉及数据较多，应对比记忆。

考点8　项目决策责任

例：在项目决策过程中，政府投资主管部门的职责和责任是（A）。

A. 对项目的审批（核准）以及向国务院提出审批（核准）的审查意见承担责任

B. 审查项目的申报程序是否符合有关规定、申报材料是否真实、是否按照经审批或核准的建设内容进行建设

C. 承担投资项目的市场前景、技术方案、资金来源、经济效益等方面的风险

D. 对项目是否符合环境功能区划负责

E. 对拟采取的环保措施能否有效治理环境污染和防止生态破坏负责

F. 对项目是否符合土地利用总体规划和国家供地政策负责

G. 对项目拟用地规模是否符合有关规定和控制要求负责

H. 对项目补充耕地方案是否可行负责

I. 对土地、矿产资源开发利用是否合理负责

J. 对项目是否符合城市规划要求、选址是否合理等负责

题号	拓展同类必刷题	答案
1	在项目决策过程中，项目（法人）单位的职责和责任有（　　）。	BC
2	在项目决策过程中，环境保护主管部门的职责和责任有（　　）。	DE
3	在项目决策过程中，自然资源主管部门的职责和责任有（　　）。	FGHI
4	在项目决策过程中，城市规划主管部门的职责和责任是（　　）。	J

🔊 **考点点评**

1. 对于该考点，除了上述题型外，还有可能给出具体的职责来判断属于谁的责任。

2. 工程咨询单位承担咨询评估任务的规定要特别关注。根据《工程咨询行业管理办法》的规定，承担编制任务的工程咨询单位，不得承担同一事项的评估咨询任务。承担评估咨询任务的工程咨询单位，与同一事项的编制单位、项目业主单位之间不得存在控股、管理关系或者负责人为同一人的重大关联关系。

考点9　项目评估机构管理与质量控制

例：咨询评估任务完成以后，应填写对评估报告质量的评价，评价结果与服务费用、"短名单"动态管理挂钩。对于评估报告首次评价为较差的咨询机构，国家发展改革委固定资产投资司对其处理方式有（AB）。

A. 约谈 　　　　　　　　　　　　　　B. 警告

C. 暂停其"短名单"机构资格一年　　　D. 从"短名单"中删除

题号	拓展同类必刷题	答案
1	对于评估报告累计两次评价为较差的咨询机构，国家发展改革委固定资产投资司对其处理方式是（　　）。	C
2	对于评估报告累计三次评价为较差的咨询机构，国家发展改革委固定资产投资司对其处理方式是（　　）。	D

🔊 **考点点评**

1. 对于评估报告评价较差的咨询机构的处理方式，不仅会考查上述例题题型，还可能会以判断正确与错误的综合题目考查。

2. 熟悉承担具体专业投资咨询评估任务的评估机构应具备的条件，可能会考查判断正确与错误的综合题目。

3. "短名单"的调整要了解。国家发展改革委对"短名单"机构进行动态调整，原则上每三年调整一次。

4. 从"短名单"中删除评估机构的情形通过下面题目学习：

评估机构有（ABCD）情形的，国家发展改革委应当将其从"短名单"中删除。

A. 评估报告有重大失误

B. 累计两次拒绝接受委托任务

C. 未在规定时限或者经批准的延期时限内完成委托任务

D. 违反《工程咨询行业管理办法》有关规定的

出现上述选项 A 所列情形的，对涉及的咨询工程师（投资），取消其执业登记。

考点 10　咨询机构的责任

例： 根据《工程咨询行业管理办法》的有关规定，咨询工程单位有（EFGHIJKL）行为的，由发展改革部门责令改正。

A. 在执业登记中弄虚作假

B. 准许他人以本人的名义执业

C. 接受影响公正执业的酬劳

D. 转让登记证书以及执业专用章

E. 备案信息弄虚作假

F. 违背独立公正原则，帮助委托单位骗取标准文件和国家资金

G. 泄露委托方的商业秘密和采取不正当竞争手段损害其他单位利益

H. 咨询成果有严重的质量问题

I. 未建立咨询成果文件完整档案

J. 出租资信评价等级证书

K. 提供虚假的资料申请资信评价

L. 弄虚作假帮助他人申请咨询工程师（投资）登记

M. 咨询评估报告质量低劣

N. 咨询评估报告有重大失误

O. 累计 2 次拒绝接受委托的任务

P. 累计 2 次未在规定时限内完成评估任务

Q. 累计 2 次未在批准的延期时限内完成评估任务

题号	拓展同类必刷题	答案
1	根据规定，咨询评估机构存在（　　）情形，国家发展改革委能依据情节轻重提出警告。	MNOPQ
2	咨询工程师（投资）有（　　）行为，由中国工程咨询协会依据情节轻重给予通报批评并且收回执业专用章。	ABCD

考点 11　PPP 项目评估的内容和要点

例： PPP 项目实施方案评估的内容包括（ABCDEF）。

    A. 项目规模与工程技术方案是否合理　　B. 项目实施 PPP 模式的必要性

    C. 投融资方案是否可行　　D. 项目运作模式与交易结构是否合理

    E. PPP 合同内容和关键条款评估　　F. 社会资本方采购方案是否合理

    G. 物有所值评价和财政承受能力论证　　H. 政府承诺和风险分担机制是否合适

🔊 考点点评

> 除了要掌握实施方案评估内容，还应掌握两个采分点：
>
> （1）实施方案报告的审查：提交联审机制审查。
>
> （2）PPP 项目的决策程序：根据《中共中央　国务院关于深化投融资体制改革的意见》，一般按照审批制项目决策程序要求，编制项目建议书、项目可行性研究报告和相应的立项、决策审批要求的文件。

考点 12　投资项目的分类

例： 投资项目按行业领域分类，可以分为（ABCD）。

    A. 基础设施投资项目　　B. 制造业投资项目

    C. 房地产开发投资项目

    D. 农牧渔业、林业、文化教育、医疗卫生、旅游业等投资项目

    E. 政府投资项目　　F. 企业投资项目

    G. 政府和社会资本合作（PPP）项目　　H. 新建项目

    I. 改建和技术改造项目　　J. 扩建项目

    K. 更新改造项目　　L. 新设项目法人项目

    M. 既有项目法人项目　　N. 资本运作项目

    O. 非经营性投资项目　　P. 准经营性投资项目

    Q. 经营性投资项目　　R. 大型项目

    S. 中型项目　　T. 小型项目

    U. 国有投资项目　　V. 民营投资项目

    W. 外商投资项目　　X. 港、澳、台投资项目

    Y. 境内投资项目　　Z. 境外投资项目

题号	拓 展 同 类 必 刷 题	答案
1	投资项目按实施主体分类，可以分为（　）。	EFG
2	投资项目按建设性质分类，可以分为（　）。	HIJK
3	投资项目按融资主体分类（信用体系），可以分为（　）。	LMN
4	投资项目按投资目的分类，可以分为（　）。	OPQ
5	投资项目按投资规模分类，可以分为（　）。	RST
6	投资项目按所有制分类，可以分为（　）。	UVWX
7	投资项目按地域分类，可以分为（　）。	YZ

考点 13　投资机会研究、初步可行性研究、可行性研究的目的

例：投资机会研究的目的是（A）。

A. 发现有价值的投资机会

B. 判断项目是否有必要性

C. 判断项目是否值得投入更多的人力和资金

D. 分析、比较、论证项目是否值得投资和建设方案是否合理

题号	拓展同类必刷题	答案
1	初步可行性研究的目的有（　　）。	BC
2	可行性研究的目的是（　　）。	D

考点 14　项目前期咨询成果的质量保证

例：保证项目前期咨询成果质量的基础是（A）。

A. 项目经理责任制　　　　　　　　B. 成果质量评审制

C. 成果质量评价标准　　　　　　　D. 咨询服务成果要求

🔊 **考点点评**

1. 选项 B、C、D 都属于干扰选项。

2. 质量评审包括内部评审和外部评审。加强项目前期各中间环节成果的评审是确保最终成果质量的重要手段。

3. 关于成果评价标准还可能这样考查：

关于项目前期策划成果的质量保证及其评价标准的说法，正确的有（CDE）。

A. 项目前期策划的成果应全部采用定量标准来衡量和评价

B. 各类工程项目前期策划的成果一般应采用统一的评价标准

C. 委托单位满意是对咨询服务成果的基本要求

D. 咨询服务成果应符合国家有关法律法规的要求

E. 项目经理责任制是保证项目前期策划工作质量的基础

考点 15　项目决策的分类和过程

例：按决策的对象划分，工程项目决策可分为（ABC）。

A. 投资决策　　　B. 融资决策　　　C. 营销决策　　　D. 单目标决策

E. 多目标决策　　F. 确定型决策　　G. 风险型决策　　H. 不确定型决策

题号	拓展同类必刷题	答案
1	按目标数量多少划分，工程项目决策可分为（　　）。	DE
2	按决策问题面临的条件划分，工程项目决策可分为（　　）。	FGH

🔊 **考点点评**

关于工程项目决策，除了考查项目决策的分类外，项目决策的过程也有可能考查到，考生应有所了解。项目决策的过程主要分为 4 个阶段，按先后顺序依次为：收集信息、方案构造设计、方案评价、方案抉择。

1. 【2024 年真题】某城市启动水环境综合治理工程，拟将该市污水处理率从 36% 提高到 70%，并使河道水体达到自然景观水质标准，该目标属于投资项目的（　　）。

   A. 市场目标　　　　　　B. 规模目标　　　　　　C. 效益目标　　　　　　D. 技术目标

2. 【2024 年真题】关于企业投资项目的说法，错误的是（　　）。

   A. 企业投资项目以经营性项目为主

   B. 企业投资项目全面实行核准制

   C. 实行备案制的企业投资项目，不再设置任何前置条件

   D. 凡法律法规未禁入的领域，企业均可以投资

3. 【2024 年真题】关于不同投资主体投资决策的说法，正确的是（　　）。

   A. 企业投资项目应自主决策，但同时应满足政府审批要求

   B. 金融机构独立审贷、自主决策，与项目法人共担风险

   C. 政府投资项目决策受到政府投资范围和投资目标影响

   D. "谁投资、谁决策、谁受益、谁承担风险"只适用于企业投资项目

4. 【2023 年真题】关于备案制项目管理的说法，正确的是（　　）。

   A. 项目开工后，企业应通过在线平台将项目信息告知备案机关

   B. 备案机关不得在规定的信息之外对备案项目设置任何前置条件

   C. 项目备案申请单位需上报项目申请报告

   D. 备案机关收到规定的全部信息后，经过专业评估后完成备案

5. 【2023 年真题】关于投资决策应遵循的原则的说法，正确的是（　　）。

   A. 接受委托的咨询机构应独立进行调查、研究、分析和评价，提出咨询意见和建议

   B. 企业投资项目要求效益（效果）最大化，政府投资项目仅要求社会效益最大化

   C. 创新、协调、绿色发展是核准项目的重要条件，备案项目无须遵循

   D. 应采用数学分析的方法，严格按照定量分析的结果进行投资决策

6. 【2023 年真题】对政府委托的企业投资项目进行核准评估时，应侧重于（　　）。

   A. 项目财务效益的评估　　　　　　　　　B. 项目产品的竞争力评估

   C. 项目的外部影响评估　　　　　　　　　D. 项目本身的风险评估

7. 【2022 年真题】某项目在规划阶段确定的项目目标有：产品年产量达到 10 万 t；利用项目的专利技术开发高新产品；投产 1 年后市场占有率达到 20%；项目所得税后财务内部收益率达到 10%。上述目标中属于功能目标的是（　　）。

   A. 产品年产量达到 10 万 t　　　　　　　　B. 利用项目的专利技术开发高新产品

   C. 投产 1 年后市场占有率达到 20%　　　　D. 项目所得税后财务内部收益率达到 10%

8. 【2022 年真题】投资项目决策要坚持实事求是，一切从实际出发，保证数据来源可靠、计算口径一致，这体现了项目决策原则中的（　　）。

   A. 科学决策原则　　　　　　　　　　　　B. 民主决策原则

   C. 可持续发展原则　　　　　　　　　　　D. 风险责任原则

9. 【2022 年真题】需要申请中央政府投资补助或者贴息资金的项目，申请单位应按照有关公告或通知的要求，向中央政府投资主管部门提交（　　）。

   A. 项目建议书　　　　　　　　　　　　　B. 项目申请书（报告）

   C. 资金申请报告　　　　　　　　　　　　D. 可行性研究报告

10. 【2022 年真题】根据《工程咨询行业管理办法》（国家发展改革委令第 9 号），关于工程

咨询成果质量责任的说法，正确的是（　　　）。

    A. 工程咨询单位对咨询成果质量负责

    B. 项目咨询团队对其咨询成果文件质量承担主要直接责任

    C. 参与咨询服务的人员对咨询成果文件质量承担连带责任

    D. 主持咨询业务的人员在离开承担咨询工作的单位后，不再对该咨询成果质量承担责任

11.【2021 年真题】根据《国家发展改革委投资咨询评估管理办法》，关于咨询评估机构管理的说法，正确的是（　　　）。

    A. 国家发展改革委对咨询机构实行"短名单"管理，原则上每年调整一次

    B. 对拒绝接受委托任务的咨询机构，国家发展改革委将从"短名单"中删除

    C. 对评估报告首次评价为较差的评估机构，国家发展改革委将暂停其"短名单"资质一年

    D. 对评估报告累计三次评价为较差的评估机构，国家发展改革委将其从"短名单"中删除

12.【2020 年真题】下列实行备案制的企业投资项目信息中，属于企业应在开工前向备案机关告知的是（　　　）。

    A. 项目的资金来源   B. 项目的财务效益

    C. 项目的技术选择   D. 项目的总投资额

13.【2020 年真题】关于境外投资项目管理的说法，正确的是（　　　）。

    A. 境外投资项目实行核准的范围包括敏感类项目和非敏感类项目

    B. 境外投资项目的核准机关是国家发展改革委

    C. 境外投资项目应实行备案管理

    D. 境外投资项目由政府审批

14.【2020 年真题】根据《工程咨询行业管理办法》，咨询工程师（投资）的下列行为中，中国工程咨询协会可以给予警告、通报批评、注销登记证书并收回执业专用章的是（　　　）。

    A. 未及时进行执业登记的   B. 准许他人以本人名义执业的

    C. 保管不当损坏登记证书的   D. 个人接受委托咨询服务的

15.【2020 年真题】下列咨询单位的相关情形中，不属于资信等级评价时应考虑的因素是（　　　）。

    A. 合同业绩   B. 拥有咨询工程业绩量

    C. 技术力量   D. 企业所有制属性

16.【2020 年真题】关于政府委托项目评估回避机制的说法，正确的是（　　　）。

    A. 评估机构与项目业主单位存在控股关系的可不回避

    B. 承担评估任务的咨询机构与项目业主单位可以存在管理关系

    C. 与承担评估机构有重大关联关系的机构不需要回避同一事项的后评价任务

    D. 承担评估任务的咨询机构不能借机向项目单位承揽该项目的监理任务

17.【2024 年真题】关于项目决策分析与评价基本要求的说法，正确的有（　　　）。

    A. 应贯彻高质量发展理念   B. 应坚持动态分析与静态分析相结合

    C. 应避免采用经验判断法   D. 应避免采用定性分析

    E. 应进行多方案比选与优化

18.【2024 年真题】下列咨询成果中，属于政府投资项目决策需审批的文件有（　　　）。

    A. 产业发展规划报告   B. 投资机会研究报告

    C. 项目申请书（报告）   D. 可行性研究报告

    E. 项目建议书

19.【2023 年真题】关于项目决策分析中运用定性分析方法的说法，正确的有（　　　）。

A. 定性分析对资料没有要求，不需要收集大量资料

B. 定性分析方法适用于对难以量化的因素进行分析

C. 定性分析依赖于分析人员的经验、学识和逻辑推理能力

D. 定性分析不能单独作为项目决策依据

E. 定性分析一般表现为文字描述、对比

20.【2023年真题】工程咨询单位资信评价的主要指标包括近3年的（　　）。

A. 合同业绩
B. 资产负债率

C. 守法信用记录
D. 专业技术力量

E. 咨询业务的地域分布

21.【2022年真题】实行备案制的企业投资项目，企业应在开工建设前通过在线平台告知备案机关的信息有（　　）。

A. 项目的建设地点
B. 项目的经济效益

C. 项目的总投资额
D. 项目的资金来源

E. 项目符合产业政策的声明

22.【2021年真题】根据《国家发展改革委投资咨询评估管理办法》，国家发展改革委可以根据情节严重程度对咨询评估机构做出相应处罚的情况有（　　）。

A. 咨询评估报告有重大失误或质量低劣的

B. 咨询评估机构中有咨询工程师在执业登记中弄虚作假的

C. 咨询评估机构累计两次拒绝接受委托任务的

D. 咨询评估机构中有咨询工程师准许他人以本人名义执业的

E. 咨询评估机构累计两次未在规定时限或经批准的延期时限内完成评估任务的

23.【2021年真题】根据《工程咨询单位资信评价标准》，对咨询单位乙级资信评价标准的要求有（　　）。

A. 咨询工程师（投资）不少于6人

B. 申请评价的专业近3年全部服务范围内的业绩累计不少于15项

C. 工程咨询单位及其专业技术人员应具有良好的声誉和信用

D. 单位主要负责人为咨询工程师（投资）且从事工程咨询业务不少于5年

E. 单位从事工程咨询业务不少于3年

五、本章真题实训答案及解析

1. C。对于环境治理项目，效益目标主要是指环境治理的效果。本题阐述的即为效益目标。

2. B。选项B说法错误，政府投资项目实行审批制，企业投资项目由企业自行决策，政府备案。

3. C。企业投资项目原则上应由企业依法依规自主决策投资，同时按照有关规定满足备案或政府核准要求。故选项A错误。金融机构贷款决策，是指银行等金融机构遵循"独立审贷、自主决策、自担风险"的原则。故选项B错误。政府投资项目，按照"谁投资、谁决策、谁受益、谁承担风险"的要求，国家有关部门出台了一系列规章制度，逐步完善投资项目决策的责任制度，健全政府投资责任追究制度。故选项D错误。

4. B。选项A错误，企业应当在开工建设前通过在线平台将项目信息告知备案机关。选项C错误，项目备案申请时单位无须上报项目申请报告，项目申请报告是核准制项目需要提交的材料。选项D错误，备案机关收到规定的全部信息后即完成备案，无须经过专业评估。

5. A。选项B错误，对于企业投资项目必须遵循市场经济规律，从提高企业市场竞争能力，

实现经济效益、环境效益和社会效益三者统一的社会责任目标出发，进行项目决策。对于政府投资的非经营性项目，社会效益和生态环境效益应为决策优先考虑的目标，主要满足社会需求和社会公共利益。选项 C 错误，为确保投资项目建设和经营的持续增长发展，必须牢固树立以人为本、创新、协调、绿色、开放、共享的新发展理念，备案项目也需遵循。选项 D 错误，投资项目决策应采用定性分析与定量分析相结合的方式进行研究验证，最终得出结论。

6. C。选项 A、B、D 属于企业委托项目评估侧重点。

7. B。选项 A 属于规模目标；选项 C 属于市场目标；选项 D 属于效益目标。

8. A。科学决策原则包括方法科学、依据充分和数据可靠。本题考查的是数据可靠。

9. C。需要申请投资补助或者贴息资金的项目，申请单位向中央政府投资主管部门报送项目资金申请报告。

10. A。主持该咨询业务的人员对咨询成果文件质量负主要直接责任，参与人员对其编写的篇章内容负责。故选项 B、C 错误。实行咨询成果质量终身负责制，形成工程咨询成果质量追溯机制，故选项 D 错误。

11. D。对"短名单"机构进行动态调整，原则上每三年调整一次。故选项 A 错误。累计两次拒绝接受委托任务，国家发展改革委应当将其从"短名单"中删除。故选项 B 错误。对评估报告首次评价为较差的咨询机构，由投资司进行约谈、警告。故选项 C 错误。

12. D。根据《企业投资项目核准和备案管理条例》第十三条规定，实行备案管理的项目，企业应当在开工建设前通过在线平台将下列信息告知备案机关：①企业基本情况；②项目名称、建设地点、建设规模、建设内容；③项目总投资额；④项目符合产业政策的声明。

13. B。境外投资项目实行核准管理的范围是投资主体直接或通过其控制的境外企业开展的敏感类项目，不包括非敏感类项目。故选项 A 错误。国家根据不同情况对境外投资项目分别实行核准和备案管理。故选项 C 错误。境外投资项目的核准机关是国家发展改革委。故选项 D 错误。

14. B。《工程咨询行业管理办法》第三十一条规定，咨询工程师（投资）有下列行为之一的，由中国工程咨询协会视情节轻重给予警告、通报批评、注销登记证书并收回执业专用章。触犯法律的，依法追究法律责任：①在执业登记中弄虚作假的；②准许他人以本人名义执业的；③涂改或转让登记证书和执业专用章的；④接受任何影响公正执业的酬劳的。

15. D。工程咨询单位资信评价时考虑的因素包括：专业技术力量、合同业绩、守法信用记录。

16. D。承担某一事项咨询评估任务的评估机构，与同一事项的编制单位、项目业主单位之间不得存在控股、管理关系或者负责人为同一人的重大关联关系。故选项 A、B 错误。承担咨询评估任务的评估机构及与其有重大关联关系的机构不得承担同一事项的后评价任务。故选项 C 错误。

17. ABE。选项 C 错误，可以采用经验判断法、数学分析法、试验法。选项 D 错误，定量分析与定性分析相结合，以定量分析为主。

18. DE。可行性研究的成果是可行性研究报告，为项目决策提供依据。对于政府投资项目，项目建议书是立项的必要程序，应按照程序和要求编制和报批项目建议书。

19. BCDE。选项 A 错误，定性分析是一种在占有一定资料的基础上，根据咨询人员的经验、学识和逻辑推理能力进行的决策分析。所以需要收集大量资料。

20. ACD。工程咨询单位资信评价标准以近 3 年的专业技术力量、合同业绩、守法信用记录为主要指标。

21. ACE。企业应当告知备案机关的信息除选项 A、C、E 外，还包括企业基本情况、项目名称、建设规模、建设内容。

22. ACE。咨询工程师（投资）有选项 B、D 行为的，由中国工程咨询协会视情节轻重给予警告、通报批评、注销登记证书并收回执业专用章。触犯法律的，依法追究法律责任。

23. ABCE。选项 D 错在 "5 年"，单位咨询工程师不少于 6 人，单位主要负责人为咨询工程师（投资）且从事工程咨询业务不少于 6 年。

六、本章同步练习

（一）单项选择题（每题 1 分。每题的备选项中，只有 1 个最符合题意）

1. 下列投资项目，属于按实施主体分类的是（　　）。
   A. 制造业投资项目
   B. 新设项目法人项目
   C. 国有投资项目
   D. 政府和社会资本合作（PPP）项目

2. 关于政府投资项目与企业投资项目异同点的说法，正确的是（　　）。
   A. 管理模式相同
   B. 决策内容和程序相同
   C. 决策过程不同
   D. 投资估算方法不同

3. 政府投资项目实行审批制，除情况特殊影响重大外，一般不再审批（　　）。
   A. 开工报告
   B. 项目建议书
   C. 初步设计
   D. 项目可行性研究报告

4. 对于项目单位缺乏相关专业技术人员和建设管理经验的直接投资项目，项目审批部门在批复可行性研究报告时要求执行（　　）。
   A. 代理建设制度
   B. 项目核准制度
   C. 工程监理制度
   D. 项目经理责任制

5. 对关系国家安全和生态安全、涉及全国重大生产力布局、战略性资源开发和重大公共利益等项目，实行（　　）管理。
   A. 备案
   B. 核准
   C. 许可
   D. 登记

6. 下列关于初步可行性研究的说法，正确的是（　　）。
   A. 初步可行性研究与可行性研究的深度基本一致
   B. 所有项目都必须进行初步可行性研究
   C. 初步可行性研究是从宏观上分析论证建设的必要性和可能性
   D. 初步可行性研究的成果是可行性研究报告

7. 项目决策过程可以依次分为（　　）4 个阶段。
   A. 项目设想、项目研究、项目设计和项目决策
   B. 前评价、中间评价、完工评价和后评价
   C. 信息收集、方案构造设计、方案评价和方案抉择
   D. 可行性研究、环境影响评价、申请报告和项目核准

8. 关于项目建议书的说法，正确的是（　　）。
   A. 政府投资项目中，项目申请书（报告）是立项的必要程序
   B. 企业根据自身的需要可以自主选择前期不同阶段的研究成果作为立项的依据
   C. 政府投资项目中，投资机会研究报告可以代替可行性研究报告
   D. 建设项目决策分析与评价阶段最重要的工作是项目建议书

（二）多项选择题（每题 2 分。每题的备选项中，有 2 个或 2 个以上符合题意，至少有 1 个错项。错选，本题不得分；少选，所选的每个选项得 0.5 分）

1. 某工业建设项目的具体目标中，属于功能目标的有（　　）。
   A. 污水处理达标排放
   B. 提高产品市场份额
   C. 扩大生产规模
   D. 调整产品结构
   E. 引进先进技术

2. 根据决策对象的不同，决策可分为（　　　）。

    A. 多目标决策　　　　　　　　　B. 投资决策

    C. 确定型决策　　　　　　　　　D. 融资决策

    E. 营销决策

3. 甲级咨询机构专业资信应满足的条件有（　　　）。

    A. 单位咨询工程师（投资）不少于12人

    B. 申请评价的专业应配备至少3名咨询工程师（投资）和至少1名具有本专业高级技术职称的人员，二者不重复计算

    C. 单位主要技术负责人为咨询工程师（投资），具有工程或工程经济类高级技术职称，且从事工程咨询业务不少于8年

    D. 单一服务范围内完成的业绩累计不少于40项，或覆盖两个及以上服务范围的业绩累计不少于30项

    E. 单位从事工程咨询业务不少于3年

4. 项目决策分析与评价的方法包括（　　　）。

    A. 经验判断法　　　　　　　　　B. 数学分析法

    C. 统计分析法　　　　　　　　　D. 经验估计法

    E. 试验法

5. 关于项目评估作用的说法，正确的有（　　　）。

    A. 提高投资效益，避免决策失误带来损失

    B. 提高前期工作质量，避免重复返工以及浪费

    C. 提高项目决策的水平，为投资主体提供决策依据

    D. 对项目建设成果进行评价，为项目运营奠定基础

    E. 对项目建设过程进行分析，为项目绩效考核提供依据

6. 成果质量评价标准一般应考虑（　　　）。

    A. 项目前期咨询成果与工程管理服务的相关性

    B. 项目前期咨询成果与国家有关法律法规政策的符合性

    C. 项目前期咨询成果与国民经济和社会事业发展目标的一致性

    D. 项目前期咨询成果与委托单位要求的满意度

    E. 项目前期咨询成果与各方利益权衡的关联性

七、本章同步练习答案

（一）单项选择题

1. D	2. C	3. A	4. A	5. B
6. C	7. C	8. B		

（二）多项选择题

1. CDE	2. BDE	3. ACD	4. ABE	5. ABC
6. BCD				

第 二 章
项目规划及其报告

一、本章核心考点分布

项目规划的作用、特点和编制原则（2017年、2018年、2019年、2020年、2021年、2022年、2023年、2024年）

企业发展规划的分析方法（2017年、2018年、2021年、2022年、2023年）

项目用地预审（2019年、2022年、2023年、2024年）

产业发展规划报告的重点内容（2021年、2022年、2024年）

规划环境影响评价的适用范围和责任主体（2022年、2023年）

项目规划及其报告 —— 规划环境影响评价的原则和内容（2022年、2023年）

土地资源综合利用分析评价指标（2024年）

土地生态环境质量评价（2023年、2024年）

产业发展规划常用分析方法

园区发展规划报告的编制

规划评估的内容和要点

二、专家剖析考点

1. 产业发展规划、企业发展规划、园区发展规划的任务、作用、特点、编制原则是易混项，应对比记忆。可能以多项选择题形式考查编制原则。编制园区发展规划的 5 大原则，考查题型是根据备选项，判断属于哪个原则，单选题、多选题都有可能出现。

2. 产业发展规划报告、企业发展规划报告、园区发展规划报告的重点内容可能以综合题的形式考查。

3. 对标分析、企业竞争力分析、价值链分析在备考复习时应理解记忆。

4. 产业发展规划常用的分析方法作为一般考点，熟悉即可。

5. 规划环境影响分析的适用范围应重点掌握，会考查判断正确与错误说法的综合题目。

6. 土地资源利用分析评价指标的一级指标和二级指标应熟悉，避免混淆。

7. 建设项目用地预审的申请单位、审查部门、分级管理及有效性，要重点掌握，以综合题目形式考查为主，复习备考时应予以关注。

8. 规划评估的内容可能会考查多项选择题。

三、本章核心考点必刷题

考点1　项目规划的作用、特点和编制原则

例1：产业发展规划的特点包括（BFGH）。

- A. 前瞻性
- B. 相关性
- C. 可操作性
- D. 针对性
- E. 认同性
- F. 导向性
- G. 约束性
- H. 时效性

题号	拓展同类必刷题	答案
1	企业发展规划的特点包括（　　）。	ACDEH
2	园区发展规划的特点包括（　　）。	ABCDEFGH

🔊 **考点点评**

1. 有关产业发展规划的内容，比较重要的考点有3个，分别是产业发展规划的作用、特点和编制原则。其中，特点和编制原则易混淆。

2. 产业发展规划的作用进行考查时，可能以说法类选择题的形式呈现，如下面这道题：

关于产业发展规划作用的说法，正确的有（ABCDEF）。

- A. 指导产业合理有序发展
- B. 推动区域产业的优势组合
- C. 引导和约束投资方向
- D. 促进资源合理配置
- E. 完善并优化产业结构
- F. 为相关专项规划提供基础数据和依据

例2：根据产业发展规划工作的任务和特点，产业发展规划报告编制应遵循的原则包括（ABCDE）。

- A. 前瞻性原则
- B. 合规性原则
- C. 产业关联原则
- D. 可操作性原则
- E. 持续性原则
- F. 差异化原则
- G. 价值递增原则
- H. 取舍原则
- I. 创新原则
- J. 绿色发展原则
- K. 集约发展原则
- L. 循环发展原则
- M. 弹性发展原则
- N. 针对性原则
- O. 协同发展原则
- P. 低碳发展原则

题号	拓展同类必刷题	答案
1	根据企业发展规划工作的任务和特点，企业发展规划报告编制应遵循的原则包括（　　）。	BEFGHIP
2	为了能够制订出前瞻性、科学性、可行性的园区发展规划，使其具有合理、有效、可操作性，应遵守的原则有（　　）。	JKLMNO
3	编制园区发展规划时，树立底线思维，严守资源消耗上限、环境质量底线、生态保护红线，将各类开发活动限制在资源环境承载能力之内的要求，这体现了（　　）。	J
4	园区发展规划应严格执行建设用地控制指标要求，统一规划物流、给水排水、供电、供热、污水处理等设施，这体现了园区发展规划原则中的（　　）。	K
5	坚持高起点整体规划、分步实施、重点开发的原则，立足于规划实施的可行性和预见性，协调好近期建设与远景规划的关系，体现了园区发展规划编制原则中的（　　）。	M

考点2　企业发展规划的分析方法

例：企业发展规划的重要工具之一是企业竞争力分析。在企业竞争力分析的过程中，外部属性竞争力包括（ABCDE）。

- A. 品牌能力
- B. 研发能力
- C. 营销能力
- D. 制造能力
- E. 产品能力
- F. 资源能力
- G. 决策能力
- H. 执行能力
- I. 整合能力

题号	拓展同类必刷题	答案
1	在企业竞争力分析的过程中，内部属性竞争力包括（　　）。	FGHI

🔊 **考点点评**

1. 分析企业竞争力时，可采用专家评分法。

2. 除企业竞争力分析之外，企业规划的重要工具还有对标分析、SWOT分析和价值链分析。对标分析、价值链分析内容的考查次数较多，且多以说法类选择题的形式呈现，考查难度较大，主要内容如下：

（1）所谓对标分析，可简单理解为"找个榜样，向他学习"。对标可以将外部企业的持久业绩作为自身企业的内部发展目标，也可以选择竞争对手、行业领先企业、跨行业的技术标杆或按客户需求进行选择。

（2）关于价值链分析，需要掌握以下知识点：

1）将成本、收入和资产分配到"有价值的作业中"。

2）以事实为基础，以假设为导向。

3）关键要对成本和利益在各经营环节中公平分配，要基于价值链分析。

考点3　项目用地预审

例：建设项目用地预审申请报告的内容包括（ABCDE）。

 A. 拟建项目的基本情况   B. 拟选址占地情况

 C. 拟用地是否符合土地利用总体规划 D. 拟用地面积是否符合土地使用标准

 E. 拟用地是否符合供地政策

🔊 **考点点评**

1. 注意区分建设项目用地预审申请报告的内容与建设项目用地预审的内容。

2. 关于该考点还需要掌握以下几个知识点：

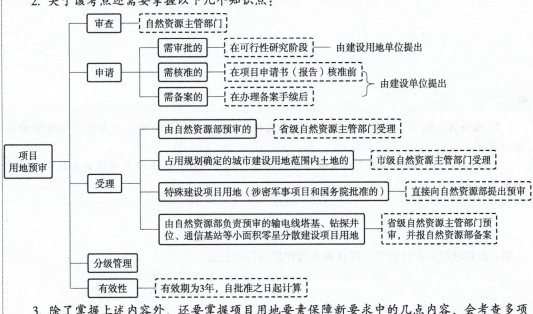

3. 除了掌握上述内容外，还要掌握项目用地要素保障新要求中的几点内容，会考查多项选择题。

考点 4　产业发展规划报告的重点内容

例：产业现状分析是产业发展规划的基础，分析内容包括（ABCDEFGHIJK）。

A. 宏观环境分析
B. 行业环境分析
C. 竞争环境分析
D. 规划主体产业现状分析
E. 规划依托的生产力要素条件分析
F. 支撑产业发展的资源条件分析
G. 国家宏观政策分析
H. 行业发展政策分析
I. 行业规范条件分析
J. 行业标准和规范分析
K. SWOT 分析

题号	拓展同类必刷题	答案
1	产业发展规划报告编制内容中，外部环境分析内容包括（　　）。	ABC
2	产业发展规划报告编制内容中，内部环境分析内容包括（　　）。	DEF
3	产业发展规划报告编制内容中，产业政策分析内容包括（　　）。	GHIJ

🔊 考点点评

产业发展规划报告的重点内容包括产业现状分析、产业发展定位、规划实施方案。产业发展定位是规划核心和纲领性内容。规划实施方案对产业框架结构、产业发展思路、产业布局、规划备选项目、外部条件需求、建设时序等进行规划效果分析。

考点 5　规划环境影响评价的适用范围和责任主体

例：关于规划环境影响评价的说法，正确的有（ABCDEFG）。

A. 土地利用的有关规划应当进行环境影响评价
B. 区域、流域、海域的建设、开发利用规划应当进行环境影响评价
C. 工业、农业、畜牧业、林业、能源的专项规划，应当进行环境影响评价
D. 水利、交通、城市建设、旅游、自然资源开发的专项规划，应当进行环境影响评价
E. 编制综合性规划，应当编写环境影响篇章或者说明
F. 编制专项规划应当在规划草案报送审批前编制环境影响报告书
G. 编制专项规划中的指导性规划，应当编写环境影响篇章或者说明

🔊 考点点评

1. 选项 A、B、C、D 属于适用范围，会这样命题："下列项目中，应当进行环境影响评价的有（　　）"。

2. 选项 E、F、G 不仅会单独考查单项选择题，还可能在判断正确与错误说法的综合题目中出现。

考点 6　规划环境影响评价的原则和内容

例：规划环境影响评价中，现状调查与评价的内容包括（ABCDE）。

A. 说明评价区域内环境敏感区、重点生态功能区的分布情况及其保护要求
B. 分析区域水资源、土地资源、能源等各类自然资源现状利用水平和变化趋势
C. 评价区域环境质量达标情况和演变趋势
D. 评价区域生态系统结构与功能状况和演变趋势
E. 明确区域主要生态环境问题、资源利用和保护问题及成因

F. 规划开发强度的分析

G. 评价水环境、大气环境、土壤环境、声环境的影响，对生态系统完整性及景观生态格局的影响

H. 分析对环境敏感区和重点生态功能区的影响

I. 资源与环境承载能力的评估

J. 估算不同情景下规划实施对各类支撑性资源的需求量和主要污染物的产生量、排放量，以及主要生态因子的变化量

K. 评价不同情景下规划实施对生态系统结构和功能、环境质量、环境敏感区的影响范围和程度

L. 明确规划实施后能否满足环境目标的要求

题号	拓展同类必刷题	答案
1	规划环境影响评价内容中，环境影响预测与评价一般包括（　　）。	FGHIJKL

🔊 考点点评

1. 规划环境影响报告书的主要内容通过下面题目来学习：

规划环境影响报告书的主要内容包括（ABCDEFGH）。

A. 规划分析
B. 环境影响识别与评价指标体系构建
C. 规划方案综合论证和优化调整建议
D. 环境影响减缓对策和措施
E. 环境影响跟踪评价计划
F. 说明公众意见、会商意见回复和采纳情况
G. 现状调查与评价
H. 环境影响预测与评价

2. 规划环境影响评价的原则包括3方面：早期介入、过程互动；统筹衔接、分类指导；客观评价、结论科学。

考点7　土地资源综合利用分析评价指标

例1：根据《工业项目建设用地控制指标》，规范性指标包括（ABC）。

A. 容积率
B. 建筑系数
C. 行政办公及生活服务设施用地所占比重
D. 固定资产投资强度
E. 土地产出率
F. 土地税收

题号	拓展同类必刷题	答案
1	根据《工业项目建设用地控制指标》，推荐性指标包括（　　）。	DEF

🔊 考点点评

设施农业用地有效期5年。

例2：土地利用基本状况指标包括（ABCD）。

A. 土地数量
B. 土地质量
C. 土地结构
D. 土地布局
E. 利用效益
F. 利用强度
G. 绿色用地
H. 土地退化
I. 土地损毁
J. 土壤污染
K. 外来物种入侵
L. 土地保护
M. 土地修复
N. 土地整治

题号	拓展同类必刷题	答案
1	土地开发利用指标包括（ ）。	EFG
2	土地生态风险指标包括（ ）。	HIJK
3	土地响应治理指标包括（ ）。	LMN

🔊 **考点点评**

上述指标均属于一级指标，具体细分的二级指标应熟悉。

考点8　土地生态环境质量评价

例：土地生态环境质量评价指标体系包括5个分指数和1个环境限制指数，其中5个分指数是指（ABCDE）。

A. 生物丰度指数　　　　　　　　　B. 植被覆盖指数

C. 水网密度指数　　　　　　　　　D. 土地胁迫指数

E. 污染负荷指数

题号	拓展同类必刷题	答案
1	下列土地生态环境质量评价指标，反映被评价区域内生物丰贫的是（ ）。	A
2	下列土地生态环境质量评价指标，反映被评价区域内植被覆盖高低的是（ ）。	B
3	下列土地生态环境质量评价指标，反映被评价区域内水的丰富程度的是（ ）。	C
4	下列土地生态环境质量评价指标，反映被评价区域内遭受胁迫强度的是（ ）。	D
5	下列土地生态环境质量评价指标，反映被评价区域内承载污染物压力的是（ ）。	E

🔊 **考点点评**

环境限制指数是约束性指标，根据严重影响人居生产生活安全的生态破坏和环境污染事项进行调节和限制。

考点9　产业发展规划常用分析方法

例：进行产业发展规划调研时常用的分析方法有（ABCDE）。

A. 文献收集法　　　　　　　　　　B. 现场调研法

C. 会议座谈法　　　　　　　　　　D. 案例调查法

E. 抽样调查法　　　　　　　　　　F. SWOT分析

G. 宏观环境分析（PEST分析）　　H. 成本分析

I. 环境性质识别　　　　　　　　　J. 差异化战略分析

K. 产业生命周期分析　　　　　　　L. 价值链分析

M. 波特五力模型　　　　　　　　　N. 区域竞争优势分析——钻石模型

O. 波士顿模型　　　　　　　　　　P. 竞争能力组合评估

Q. 趋势预测法　　　　　　　　　　R. 相关分析法

S. 层次分析法　　　　　　　　　　T. 非参数统计分析法

U. 需求弹性分析　　　　　　　　　V. 头脑风暴法

W. 专家咨询法　　　　　　　　　　X. 创新策划法

Y. 标杆分析

题号	拓展同类必刷题	答案
1	分析阶段进行产业发展规划常用的分析方法有（ ）。	FGHIJKLMNOPQRSTU
2	分析阶段进行产业发展规划常用的定性分析方法有（ ）。	FGIJKLMNOP
3	分析阶段进行产业发展规划常用的定量分析方法有（ ）。	HQRSTU
4	策划阶段进行产业发展规划常用的分析方法有（ ）。	QVWXY

考点 10　园区发展规划报告的编制

例：园区发展规划报告的编制内容包括（ABCDEFGHIJKLMNOPQRS）。

A. 规划背景及意义
B. 规划依据、规划原则
C. 指导思想
D. 规划范围
E. 规划期限
F. 规划统筹协调
G. 发展定位、目标与规模
H. 产业规划
I. 总体布局和用地规划
J. 综合交通体系规划
K. 基础设施规划
L. 公共安全与综合防灾规划
M. 绿地系统规划
N. 环境保护规划
O. 产业园区与城镇的关系
P. 近期建设规划
Q. 投资与效益分析
R. 规划保障措施
S. 规划主要图样

🔊 **考点点评**

1. 熟悉园区发展规划报告的编制内容。
2. 熟悉产业园区发展规划的内容，包括规划总体安排、产业发展方案、基础设施建设方案、环境和生态保护方案等。其中产业发展和空间规划是核心内容。

考点 11　规划评估的内容和要点

例：产业发展规划评估的内容包括（ABCDE）。

A. 规划基础评估
B. 发展环境评估
C. 发展思路和规划目标评估
D. 产业发展规划方案评估
E. 规划实施保障措施评估
F. 企业现状评估
G. 发展环境评估
H. 发展思路和规划目标评估
I. 规划方案评估
J. 规划协调性评估
K. 发展定位、目标与规模评估
L. 产业规划评估
M. 空间布局和用地规划评估
N. 综合交通体系规划评估
O. 基础设施规划评估
P. 公共安全与综合防灾规划

题号	拓展同类必刷题	答案
1	企业发展规划评估的内容包括（ ）。	FGHI
2	园区发展规划评估的内容包括（ ）。	JKLMNOP

🔊 **考点点评**

不同规划的规划方案不同，评估要点也各不相同，应熟悉不同规划方案的评估要点。

1. 【2024年真题】输电线塔基、通信基站等小面积零星分散建设项目用地的预审部门是（　　　）。
   A. 自然资源部
   B. 省级自然资源主管部门
   C. 市级自然资源主管部门
   D. 县级自然资源主管部门

2. 【2024年真题】根据《生态环境状况评价技术规范》（HJ 192—2015），反映区域生态环境整体状态的指标体系由（　　　）构成。
   A. 生物丰度指数、植被覆盖指数、水网密度指数、土地胁迫指数、污染负荷指数和环境限制指数
   B. 生态环境状况指数、生物丰度指数、植被覆盖指数、水网密度指数、土地胁迫指数和环境限制指数
   C. 生态环境状况指数、生物丰度指数、植被覆盖指数、水网密度指数、污染负荷指数和环境限制指数
   D. 生态环境状况指数、生物丰度指数、植被覆盖指数、土地胁迫指数、污染负荷指数和环境限制指数

3. 【2023年真题】企业价值链分析的关键是（　　　）。
   A. 识别企业价值链的构成单元
   B. 分析企业价值链各单元之间的关系
   C. 将成本和利益在各经营环节中公平分配
   D. 调整和改进企业价值链

4. 【2022年真题】下列产业现状分析中，属于内部资源分析内容的是（　　　）。
   A. 行业准入条件
   B. 产品的市场竞争状况
   C. 规划主体的产业基础
   D. 产业所处的社会结构

5. 【2022年真题】下列方法中，常用于企业发展规划分析的是（　　　）。
   A. SWOT分析法
   B. 概率树法
   C. 关键路径法
   D. 赢得值法

6. 【2021年真题】下列企业竞争力"九力"模型，属于外部属性竞争力指标的是（　　　）。
   A. 资源能力
   B. 品牌能力
   C. 整合能力
   D. 决策能力

7. 【2020年真题】园区发展规划应立足于规划实施的可行性和预见性，协调好近期建设与远景规划的关系，适应产业发展的不确定性。这体现了园区发展规划编制原则中的（　　　）原则。
   A. 绿色发展
   B. 集约发展
   C. 弹性发展
   D. 因地制宜

8. 【2019年真题】某太阳能光伏企业制订了未来5年内建成10家技术先进的标准工厂的项目方案，该方案从类型划分上属于（　　　）。
   A. 企业发展战略
   B. 企业发展规划
   C. 企业经营规划
   D. 企业发展愿景

9. 【2024年真题】关于产业发展规划特点的说法，正确的有（　　　）。
   A. 产业发展规划与地方资源和经济基础具有相关性
   B. 产业发展规划是企业选择投资机会的依据
   C. 政府组织编制产业发展规划时，应明确列出准入条件或负面清单

D. 产业发展规划应从空间布局和公共设施等方面明确产业横向协调关系

E. 产业发展规划中涉及的产业发展方向应由政府主导

10. 【2024 年真题】产业发展规划报告中，规划实施方案应包括的内容有（　　）。

A. 阐述主产业发展方向及产业规模
B. 提出规划备选项目
C. 投资项目的条件和推荐理由
D. 提出建设时序安排
E. 预估约束性指标完成的可能性及可调整范围

11. 【2024 年真题】根据《自然资源部关于在经济发展用地要素保障工作中严守底线的通知》（自然资发〔2023〕90 号），关于项目用地应达到的要求的说法，正确的有（　　）。

A. 国土空间规划作为用地依据
B. 强化土地利用计划管控约束，严禁无计划、超计划批准用地
C. 规范耕地占补平衡，严禁跨县域调剂补充
D. 严守生态保护红线，杜绝违反生态保护红线管控要求的违法建设行为
E. 严格执行土地使用标准，土地超标准、无标准的项目应取消

12. 【2023 年真题】关于规划环境影响评价的说法，正确的有（　　）。

A. 应根据规划环境目标可达性论证规划目标、布局等的环境合理性
B. 规划的主导产业为高耗能、高排放的，应增加碳排放情况与减排潜力分析
C. "三线一单"评价基准是指生态保护红线、耕地保护红线、环境质量底线和环境准入负面清单
D. 公众只参与环境现状调查，不参与环境影响预测，以保证评价的专业性
E. 规划环境影响评价中应说明拟定的环境影响跟踪监测与评价计划

13. 【2023 年真题】关于建设项目用地预审的说法，正确的有（　　）。

A. 建设项目用地预审，应由项目建设单位向自然资源部或项目所在地的自然资源主管部门提出申请
B. 需备案的建设项目在办理备案手续前，应首先通过用地预审
C. 建设项目用地预审文件有效期为 2 年，自批准之日起计算
D. 已完成用地预审的建设项目，其选址有重大调整时，应重新申请预审
E. 涉密的军事项目可直接向自然资源部申请用地预审

14. 【2022 年真题】下列编制内容中，属于规划环境影响评价内容的有（　　）。

A. 环境质量现状与生态状况
B. 公众意见以及回复与采纳情况
C. 资源与环境承载力的评估
D. 规划实施的财务效益
E. 规划项目布局

15. 【2020 年真题】关于企业发展规划的说法，正确的有（　　）。

A. 企业发展规划应具有前瞻性
B. 企业发展规划应对标一流企业，模仿对标企业制订发展规划
C. 企业发展规划必须是可执行的
D. 企业发展规划无须得到企业中、高层的一致认同
E. 企业发展规划应根据环境和形式的变化进行修编

五、本章真题实训答案及解析

1. B。应当由自然资源部负责预审的输电线塔基、钻探井位、通信基站等小面积零星分散建设项目用地，由省级自然资源主管部门预审，并报自然资源部备案。

2. A。不包括生态环境状况指数，故选项 B、C、D 错误。

3．C。企业价值链分析的关键是将成本和利益在各经营环节中公平分配。

4．C。选项 A 属于产业政策分析内容；选项 B、D 属于外部资源分析内容。

5．A。企业发展规划的分析方法包括企业对标分析、企业竞争力分析、企业价值链分析和企业 SWOT 分析。

6．B。外部属性竞争力：品牌能力、研发能力、营销能力、制造能力、产品能力。

7．C。园区发展规划编制原则包括 6 项，其中弹性发展原则是：坚持高起点整体规划、分步实施、重点开发的原则；立足于规划实施的可行性和预见性，协调好近期建设与远景规划的关系，适应产业发展的不确定性，规划方案保持一定的灵活性。

8．B。本题中该方案从类型划分上属于企业发展规划。

9．AC。产业发展规划对企业选择投资机会有重要意义，故选项 B 错误。产业发展规划侧重从产业链角度考虑产业纵深关系，地区国土空间规划则更多地从地区空间布局和公共设施方面研究产业横向协调关系，故选项 D 错误。产业发展规划对产业发展方向、产业布局、产业结构调整进行整体布置和规划。可为国家以及行业制定宏观规划和产业政策提供依据，可为各级政府推动当地的产业经济发展、园区建设、招商引资等发挥重要作用，故选项 E 错误。

10．BCD。产业发展规划应提出规划备选项目，故选项 B 正确。产业发展规划要对重点投资项目的条件和推荐理由进行初步论证，故选项 C 正确。产业发展规划要提出建设时序安排，故选项 D 正确。产业发展规划要提出产业实施的外部条件要求。产业发展规划要对规划效果进行分析，更好地落实和检查规划内容。

11．ABD。选项 C 错误，规范耕地占补平衡。落实补充耕地任务，要坚持以"县域自行平衡为主、省域内调剂为辅、国家适度统筹为补充"的原则。选项 E 错误，严格执行土地使用标准，超标准、无标准的项目用地要按规定做好项目用地节地评价，对不符合标准的用地，在预审环节要坚决予以核减。

12．BE。选项 A 错误，规划环境影响评价以改善环境质量和保障生态安全为目标，论证规划方案的生态环境、合理性和环境效益，提出规划优化调整建议。选项 C 错误，"三线一单"评价基准是指生态保护红线、环境质量底线、资源利用上线和环境准入负面清单。选项 D 错误，公众参与内容有规划分析、现状调查、环境影响预测与评价、规划方案综合结论、规划优化调整建议等。

13．ADE。建设项目用地预审是指自然资源主管部门在投资项目审批、核准、备案阶段，依法对建设项目涉及的土地利用事项进行的审查。需审批的建设项目在可行性研究阶段，由建设用地单位提出预审申请。需核准的建设项目在项目申请报告核准前，由建设单位提出用地预审申请，故选项 B 错误。需备案的建设项目在办理备案手续后，由建设单位提出用地预审申请。建设项目用地预审文件有效期为 3 年，自批准之日起计算，故选项 C 错误。

14．ABCE。选项 A 属于规划环境影响评价内容中的现状调查与评价。选项 B 属于说明公众意见、会商意见回复和采纳情况。选项 C 属于规划环境影响评价内容中的环境影响预测与评价。选项 E 属于规划环境影响评价内容中的规划分析。

15．ACE。企业发展规划要针对企业自身特点和发展阶段，客观分析企业现状，发现企业优势，剖析存在问题，挖掘企业核心竞争力。企业发展规划的最大忌讳是千篇一律，故选项 B 错误。企业发展规划应真正得到企业上下一致的认同，故选项 D 错误。

六、本章同步练习

（一）单项选择题（每题 1 分。每题的备选项中，只有 1 个最符合题意）

1．产业发展规划的特点是（　　）。

　　A．导向性、约束性、时效性　　　　　　　　B．导向性、约束性、前瞻性

C. 针对性、可操作性、约束性　　　　D. 约束性、前瞻性、认同性

2. 产业发展规划的核心和纲领性内容是（　　　）。
　　A. 产业政策研究　　　　　　　　　　B. 产业发展定位
　　C. 产业规划实施方案制订　　　　　　D. 优劣势分析

3. 下列方法中，（　　　）经常用于产业规划的产业结构分析，从而判断产业发展程度和影响因素。
　　A. 案例调查法　　　　　　　　　　　B. 趋势预测法
　　C. 抽样调查法　　　　　　　　　　　D. 波特五力模型

4. 在企业发展规划中，与对标企业进行比较，正确评估企业的关键性差距的是（　　　）。
　　A. 对标分析　　　　　　　　　　　　B. 竞争力分析
　　C. 价值链分析　　　　　　　　　　　D. 现状分析

5. 关于企业对标分析的说法，正确的是（　　　）。
　　A. 应选择行业内不熟悉的企业作为标杆
　　B. 对标内容应按照标杆企业的标准确定
　　C. 通常需要标杆企业配合提供相关对标数据
　　D. 所选对标企业数据与企业自身数据应范围一致并可比

6. 产业规划所关注的外部环境分析内容中，（　　　）是产业环境、市场环境和技术环境分析，是外部环境分析的最重要内容，与规划实施方案关系最为密切。
　　A. 宏观环境分析　　　　　　　　　　B. 行业环境分析
　　C. 竞争环境分析　　　　　　　　　　D. SWOT 分析

7. 在国土空间"五级三类"规划体系中"三类"是指规划的类型，其中不包括（　　　）。
　　A. 总体规划　　　　　　　　　　　　B. 详细规划
　　C. 企业规划　　　　　　　　　　　　D. 相关的专项规划

8. 关于规划环境影响评价的说法，错误的是（　　　）。
　　A. 规划编制机关在报送审批专项规划草案时，应当将环境影响报告书一并附送规划审批机关审查
　　B. 编制综合性规划，应当编写环境影响篇章或者说明
　　C. 编制专项规划中的指导性规划，应当编制环境影响篇章或说明
　　D. 编制专项规划，应当在规划草案报送审批后编制环境影响报告书

（二）多项选择题（每题 2 分。每题的备选项中，有 2 个或 2 个以上符合题意，至少有 1 个错项。错选，本题不得分；少选，所选的每个选项得 0.5 分）

1. 规划实施方案要完成的重点工作内容包括（　　　）。
　　A. 明确业务结构　　　　　　　　　　B. 明确重点任务
　　C. 制订规划实施计划　　　　　　　　D. 提出保障和支撑体系建设
　　E. 明确投入产出情况

2. 产业现状分析的重点是要对（　　　）等内容进行系统的分析。
　　A. 发展定位　　　　　　　　　　　　B. 外部环境
　　C. 产业基础　　　　　　　　　　　　D. 产业政策
　　E. 自身优劣势

3. 企业发展规划的特点有（　　　）。
　　A. 前瞻性　　　　　　　　　　　　　B. 针对性
　　C. 认同性　　　　　　　　　　　　　D. 全面性
　　E. 约束性

4. 根据企业发展规划工作的任务和特点，在编制企业发展规划报告时需要遵循（　　）。

   A. 合规性原则   B. 差异化原则

   C. 盈利原则   D. 价值递增原则

   E. 周期性原则

5. 企业发展规划分析阶段要完成的工作包括（　　）。

   A. 企业现状调查与分析   B. 企业发展环境分析

   C. 企业 SWOT 分析   D. 企业对标分析

   E. 企业竞争力分析

6. 产业发展规划报告的内容一般有（　　）。

   A. 规划实施方案   B. 产业发展定位和目标

   C. 环境影响分析   D. 产业空间布局方案

   E. 产业现状分析

7. 下列土地资源利用指标中，属于土地开发利用指标的有（　　）。

   A. 土地保护   B. 绿色用地

   C. 利用强度   D. 土地布局

   E. 土地退化

七、本章同步练习答案

（一）单项选择题

1. A	2. B	3. D	4. A	5. D
6. B	7. C	8. D		

（二）多项选择题

1. ABCD	2. BCDE	3. ABC	4. ABD	5. AB
6. ABE	7. BC			

第三章
项目可行性研究及其报告

一、本章核心考点分布

```
                          ┌─ 可行性研究及其报告的深度要求（2017年、2020年、2021年、2022年）
                          ├─ 可行性研究的作用和基本要求（2018年、2020年、2022年、2023年）
                          ├─ 建设方案的编制内容（2020年、2021年、2022年、2024年）
                          ├─ 市场预测分析的编制内容（2018年、2020年、2021年、2024年）
                          ├─ 资本运作类项目可行性研究报告的特点（2021年、2022年、2023年、2024年）
                          ├─ 项目选址与要素保障（2019年、2023年、2024年）
                          ├─ 环境保护篇章的编制内容（2020年、2022年、2023年）
                          ├─ 节能、节水篇章的编制内容（2022年、2023年、2024年）
 项目可行性研究            ├─ 部分行业项目可行性研究报告的特点（2021年、2022年）
 及其报告       ──────────┤─ 非经营性项目财务分析的要求（2021年、2022年、2023年）
                          ├─ 经济影响分析（2020年、2022年）
                          ├─ 市场预测的方法（2023年、2024年）
                          ├─ 安全保障方案（2023年、2024年）
                          ├─ 碳达峰碳中和分析（2024年）
                          ├─ 盈利能力分析（2024年）
                          ├─ 融资方案（2024年）
                          ├─ 财务持续性分析（2024年）
                          └─ 可行性研究报告的评估
```

二、专家剖析考点

1. 可行性研究及其报告的深度要求是考试重点，要重点复习。

2. 可行性研究报告的编制内容是对可行性研究内容的详细介绍，这部分知识点比较多，考查采分点也较多，一般会考查判断正确与错误说法的题目，要全面掌握。

3. 不同行业项目、资本运作项目、非经营性项目可行性研究报告的特点应掌握。

4. 非经营性项目财务分析的特点应熟悉，会考查判断正确与错误说法的题目。

5. 了解可行性研究报告评估的要点。

三、本章核心考点必刷题

考点1　可行性研究及其报告的深度要求

例： 下列关于可行性研究及其报告深度要求的说法，正确的有（ABCDEFGHIJKL）。

A. 可行性研究报告应达到内容齐全、数据准确、论据充分、结论明确的要求

B. 可行性研究报告应对项目可能的风险做出必要的提示

C. 可行性研究中选用的主要设备的规格、参数应能满足预订货的要求

D. 引进技术设备的资料应能满足合同谈判的要求

E. 可行性研究中的重大技术、工程方案、财务方案，应有两个以上方案的比选

F. 可行性研究中确定的主要工程技术数据，应能满足项目初步设计的要求

G. 可行性研究阶段对投资和成本费用的估算应采用分项详细估算法

H. 投资估算的准确度应能满足决策者的要求

I. 可行性研究确定的融资方案，应能满足项目资金筹措及使用计划对投资数额、时间和币种的要求，满足金融机构信贷决策的需要

J. 可行性研究报告应反映可行性研究过程中出现的某些方案的重大分歧及未被采纳的理由

K. 可行性研究报告应符合国家、行业、地方或公司有关法律、法规和政策

L. 可行性研究报告应符合投资方或出资人有关规定和要求

考点点评

可行性研究及其报告深度要求，在考试时一般会考查判断正确与错误的综合题目。

考点2　可行性研究的作用和基本要求

例： 可行性研究的作用包括（ABCDEFGH）。

A. 作为企业内部投资决策的依据

B. 作为政府投资主管部门审批决策的依据

C. 编制项目申请书（报告）的依据

D. 筹措资金的依据

E. 申请贷款的依据

F. 编制初步设计文件的依据

G. 优化建设方案

H. 落实建设条件

考点 3 建设方案的编制内容

例1: 关于生产工艺技术方案与设备方案研究的说法，正确的有（ABCDEFGHIJK）。

A. 对于特殊项目应根据需要单独编制技术装备比选专题报告

B. 对于由多套工艺装置组成的大型联合装置，应单独编制工艺装置分册对工艺技术进行详细叙述

C. 对于改、扩建和技术改造项目，要叙述原有工艺技术状况，应说明项目建设与原有装置的关系

D. 简述国内外不同工艺的原料路线，包括现状、特点、发展变化趋势及前景

E. 简述主要工艺过程、操作参数和关键的控制方案

F. 简述设备概况，列出主要工艺设备，对主要设备分类汇总

G. 对于进口设备，应详细阐述引进的理由、范围、方式和参考的价格

H. 研究提出本项目主要装备国内制造供货的原则和方案、范围和风险因素

I. 对于改、扩建项目，分析现有设备利用或改造情况

J. 对改、扩建和技术改造项目，说明企业原有自动化的水平和状况，结合新建装置，统一考虑

K. 对于大型联合装置，要说明全厂的网络结构，要分装置说明控制系统的设置

例2: 下列关于系统配套工程方案编制的说法，正确的有（ABCDEFGHIJK）。

A. 防洪设施通常属于厂外配套工程

B. 业主码头通常不属于公用和辅助工程

C. 对改、扩建项目，应重点论述已有各种水系统现状、富余能力、为新建项目可提供的能力

D. 给水、排水编制内容包括给出界区内排水系统的划分

E. 供电工程编制内容应说明项目总用电负荷和各装置、设施、单元用电负荷

F. 供电方案的选择与比较包括外供电源方案

G. 需要建设自备发电机组时，应根据工艺要求或特点以及企业具体情况说明建设规模和理由以及经济合理性

H. 对自备小型柴油发电机需要说明机型、燃料供应及发电成本

I. 对改、扩建和技术改造供电工程项目，应重点论述已有供电系统现状、近期发展规划、富余能力

J. 对于新建供热工程项目重点论述拟建场（厂）址周围的依托情况

K. 应根据热力参数和汽水平衡，选择供热方案

例 3： 根据项目性质，对于政府投资的项目，应当按规定编制项目代建制内容。代建制内容包括（ABCDE）。

A. 不予招标的说明　　　　　　　B. 代建单位的选择标准及要求

C. 代建单位的选择过程　　　　　D. 不宜招标的说明

E. 代建方式的确定

🔊 **考点点评**

1. 熟悉项目代建制的确定。

（1）选择方式：原则上应通过竞标或评定短名单方式，择优选定。

（2）代建单位确定时间：一般应在项目可行性研究报告批准后。

2. 熟悉建设工期的概念及确定依据。

考点4　市场预测分析的编制内容

例： 下列市场预测分析编制内容中，属于市场竞争力分析编制内容的有（ABCDEFG）。

A. 目标市场选择与结构分析　　　　B. 主要用户分析

C. 主要竞争者分析　　　　　　　　D. 产品质量与结构分析

E. 产品成本和盈利空间分析　　　　F. 企业在组织管理和营销等方面的优劣势分析

G. 产品竞争力综合分析　　　　　　H. 产品用途分析

I. 市场供应现状及预测　　　　　　J. 市场需求现状及预测

K. 市场供需平衡分析　　　　　　　L. 产品供需周期性分析

M. 主要投入物供应现状分析　　　　N. 主要投入物供需平衡预测

O. 产品价格现状及预测　　　　　　P. 主要原辅材料、燃料、动力价格现状及预测

Q. 风险因素的识别　　　　　　　　R. 风险程度估计

S. 风险对策与反馈

题号	拓展同类必刷题	答案
1	下列市场预测分析编制内容中，属于产品竞争力优劣势分析编制内容的有（　）。	CDEFG
2	下列市场预测分析编制内容中，属于产品（服务）市场分析编制内容的有（　）。	HIJKL
3	下列市场预测分析编制内容中，属于主要投入物市场预测编制内容的有（　）。	MN
4	下列市场预测分析编制内容中，属于主要投入物与产出物价格预测编制内容的有（　）。	OP
5	下列市场预测分析编制内容中，属于市场风险分析编制内容的有（　）。	QRS

🔊 **考点点评**

市场预测分析应包括国外市场、国内市场、区域市场和目标市场等多个层次。除了要掌握上述知识点外，还需要掌握以下两个知识点：

（1）市场预测分析的目的，可能单独考查一道单项选择题，也可能会作为判断正确与错误说法题目的备选项。其目的是项目可行性研究报告的重点内容，尤其是产品竞争力分析是可行性研究的核心内容之一。

（2）市场预测的要求：

产品增量不大、对原有市场影响较小的→适当简化；

规模较大、复杂产品、新兴产品、具有不确定性的产品→专题研究；

影响较大的原材料、燃料、动力→专题报告。

考点5　资本运作类项目可行性研究报告的特点

例： 并购项目主要强调对并购企业的评估和并购后的协同效应分析，在企业发展战略指导下，研究重点包括（ABCDEFGHI）。

A. 企业所处行业地位与竞争对手
B. 行业发展趋势，市场格局与前景
C. 企业经营管理现状分析
D. 资产与债务结构
E. 盈利能力与管理水平
F. 发展前景预测
G. 所处的地理位置与经济环境
H. 测算并购成本和预测并购效益
I. 并购企业价值评估
J. 政治法律因素
K. 竞争因素
L. 消费者需求
M. 盈利预测
N. 盈利稳定性的估计
O. 企业的潜在价值
P. 项目的成长性
Q. 管理团队的能力
R. 具有独特的评价指标

题号	拓展同类必刷题	答案
1	BOT项目是以项目未来的现金流作为抵押的一种融资方式，可行性研究要重点考虑（　　）。	JKLMN
2	风险投资项目的可行性研究报告主要关注（　　）。	OPQR

🔊 考点点评

1. 并购企业价值评估包括对企业的基础价值（净资产价值）、内在价值（目标企业的动态价值）和战略价值三方面的评估。

2. 并购价格估算方法应熟悉，可能考查多项选择题，包括收益现值法、市场比较法、财务比率法、账面价值调整法、市盈率法、成本法、清算价值法。

3. 并购的效益包括企业自身的效益（资本经营效益、市场增加值和经济增加值）和由于并购带来的企业整体协同效益（财务协同效应和经营协同效应）。

4. 政府和社会资本合作模式（PPP项目）的项目范围、具体模式、重点领域、建设实施管理等内容主要掌握以下采分点：

（1）政府付费：只能按规定补贴运营、不能补贴建设成本。

（2）具体模式：全部采取特许经营模式实施。

（3）重点领域：限定于有经营性收益的项目。

（4）建设实施管理：严格审核特许经营方案；公平选择特许经营者（特许经营期限原则上不超过40年）；规范签订特许经营协议；严格履行投资管理程序。

5. 除了掌握上述知识点，各类项目的财务分析也应做一些了解。

考点6　项目选址与要素保障

例1： 建设条件与场（厂）址选择是项目可行性研究报告的重要内容之一，其中建设条件包括（ABCD）。

A. 建设地点的自然条件
B. 建设地点的社会经济条件
C. 外部交通运输状况
D. 公用工程条件

🔊 考点点评

1. 首先要知道一个概念，什么是场（厂）址选择？它是一项政策性、科学性强，涉及面广的综合性的技术经济工作。场（厂）址选择应进行多方案比较，从中选择符合国家政策、投资省、建设快、运营费低且经济效益和环境效益好的场（厂）址。

2. 场（厂）址选择包括渣场（填埋场）或排污场（塘）地的选择。

3. 注意选项A，自然条件包括地理条件，地形、地貌条件，工程地质、水文地质条件，地震烈度、设防等级，区域地质构造情况，自然、气象条件，洪涝水位，建厂地域的洪水位（50年、100年一遇），防涝水位及泥石流情况。

4. 掌握地质灾害危险性评估的内容，可能会考查多项选择题。通过下面这道题掌握评估内容：
地质灾害危险性评估的内容有（ABCD）。
A. 工程建设可能诱发地质灾害的可能性
B. 工程建设可能加剧地质灾害的可能性
C. 工程建设本身可能遭受地质灾害危害的危险性
D. 拟采取的防治措施

例2：要素保障分析包括土地要素和资源环境要素保障分析。资源环境要素主要包括（ABCDE）。
    A. 水资源   B. 能耗
    C. 碳排放强度   D. 生态环境资源
    E. 一些重要的矿产资源

1. 要素保障贯穿项目可行性研究的整个过程。
2. 要素保障分析编制的内容应熟悉，可能考查判断正确与错误说法的题目。

考点7　环境保护篇章的编制内容

例：下列关于项目可行性研究中环境保护内容的说法，正确的有（ABCDEFGHIJ）。
    A. 建设项目实行环境保护一票否决权
    B. 环境保护编制内容中应说明投资项目可能涉及的环境敏感区分布和保护现状
    C. 改、扩建和技术改造项目应简述企业的环境保护现状
    D. 环境保护治理措施及方案应说明主要污染物的外排总量
    E. 环境保护治理措施及方案应简述投资项目采取的主要噪声控制措施，并分析说明预期效果
    F. 环境保护治理措施及方案应说明投资项目环境管理机构的设置情况
    G. 环境保护编制内容应考虑环境监测
    H. 列表说明投资项目环境保护投资，包括环境保护设施名称、主要建设内容及处理规模、治理效率
    I. 环境保护编制内容中应说明环境保护投资占项目建设投资的比例
    J. 环境保护编制内容中应包括环境影响分析

环境保护篇（章）的编制应参照环境影响评价的相关内容，尽可能与环境影响评价保持一致。

考点8　节能、节水篇章的编制内容

例1：下列关于节水篇章编制内容的说法，正确的有（ABCDEFGHIJ）。
    A. 列出项目所需水资源的品种、数量

B. 简述水资源利用特点及合理性

C. 给出技术改造与改扩建项目现有装置用水情况

D. 简述水资源供应状况

E. 分析水源、供应能力、供应方案、长期供应稳定性、在量和价方面对项目的满意程度、存在问题及风险

F. 说明项目总体用水和水资源利用的合理性

G. 对全厂工艺装置、公用工程、辅助生产设施中主要耗水装置分别叙述采用的节水措施和效果

H. 列出水耗指标并进行分析

I. 根据项目用水的构成和用水特点，分析节水的潜力

J. 应进行用水计量和管理

📢 **考点点评**

　　除了要掌握上述节水篇章的编制内容，还应了解节能篇章的编制内容。主要了解以下两点：

　　（1）项目节能分析措施：全厂综合性节能技术和措施、装置节能技术和措施。

　　（2）能耗分析：全厂能耗构成及分析、单位产品能耗分析。

　　例2：某项目产品产量为1000t/h，总用水量为100m³/h，重复利用水量为80m³/h，则水的重复利用率和单位产品耗水量分别为（D）。

　　A. 20%、0.1m³/t
　　B. 20%、0.02m³/t

　　C. 80%、0.1m³/t
　　D. 80%、0.02m³/t

📢 **考点点评**

　　1. 该考点在考试时一般会考查节水指标计算的题目，考查的公式有：

　　（1）重复利用率，即在一定的计量时间内，生产过程中使用的重复利用水量与总用水量之比，按下式计算：

$$重复利用率（R）= \frac{重复利用水量（V_r）}{生产过程中总用水量（V_t）} \times 100\%$$

$$= \frac{重复利用水量（V_r）}{重复利用水量（V_r）+生产过程中取用的新水量（V_f）} \times 100\%$$

　　（2）单位产品耗水量，按下式计算：

$$单位产品耗水量（V_{uf}）= \frac{年生产用新水量总和（V_{yf}）}{年产品总量（Q）}$$

　　（3）新水利用系数，即在一定的计量时间内，生产过程中使用的新水量与外排水量之差与新水量之比，按下式计算：

$$新水利用系数 = \frac{生产过程中取用的新水量（V_f）-生产过程中外排水量（V_d）}{生产过程中取用的新水量（V_f）} \times 100\%$$

　　2. 上述例题直接套用公式即可。水的重复利用率＝（80/100）×100%＝80%。单位产品耗水量＝[（100－80）/1000]m³/t＝0.02m³/t。下面看下错误选项是怎么计算的：

　　选项中20%是这样计算得来的：[（100－80）/100]×100%＝20%。

　　选项中0.1是这样计算得来的：（100/1000）m³/t＝0.1m³/t。

　　3. 下面再准备两道题目来练习：

　　（1）某建设项目总用水量为10000m³/h，新水量为4000m³/h，外排高含盐水量25m³/h，

（考点点评）

则该项目的新水利用系数为（B）。
    A. 99.75%   B. 99.38%   C. 60%   D. 40%
    （2）某建设项目产品产量为800t/h，总用水量为100m³/h，重复利用水量为70m³/h，则单位产品耗水量为（A）m³/t。
    A. 0.04   B. 0.09   C. 0.12   D. 0.21

考点9　部分行业项目可行性研究报告的特点

例： 资源开发项目可行性研究报告应重点研究（ABCDE）。
    A. 资源开发的合理性
    B. 拟开发资源的可利用量、自然品质、赋存条件和开发价值
    C. 项目是否符合资源总体开发规划的要求
    D. 项目是否符合资源综合利用、可持续发展的要求
    E. 项目是否符合保护生态环境的有关规定

（考点点评）

可行性研究及其报告的内容和侧重点，因项目性质、特点的不同有所差别，并具有明显的行业特点。通过下面题目掌握这部分内容：
    （1）水利水电项目可行性研究报告应重点研究（ACE）。
    A. 坝型与枢纽布置   B. 建设规模、技术标准
    C. 工程地质条件   D. 产品方案
    E. 资源开发利用条件
    （2）交通运输项目可行性研究报告应重点研究（ABD）。
    A. 区域综合运输网布局   B. 运量、线路方案
    C. 市场分析   D. 建筑工程方案
    E. 功能定位

考点10　非经营性项目财务分析的要求

例： 关于非经营性项目财务分析要求的说法，正确的有（ABCDEFGH）。
    A. 对没有营业收入的项目，不需要进行盈利能力分析
    B. 对没有营业收入的项目，财务分析重在考察财务可持续性
    C. 有营业收入，但不足以补偿运营维护成本的项目，应估算收入和成本费用
    D. 有营业收入的项目，其收入应优先用于支付运营维护成本
    E. 对有债务资金的项目，应结合借款偿还要求进行财务生存能力分析
    F. 需要政府在短期内给予补贴以维持运营的项目，只需要进行偿债能力分析和财务生存能力分析
    G. 对收费项目应合理确定提供服务的收费价格
    H. 对效益难以货币化的非经营性项目，可采用效果费用比或费用效果比来进行方案比选

1. 该考点在考试时一般以判断正确与错误说法的综合题目考查。

2. 对有营业收入的项目，财务分析应根据收入抵补支出的不同程度，区别对待。营业收入补偿费用的顺序要掌握，考试时可能会考查首要补偿的是什么，还可能会考查正确的补偿顺序。

补偿顺序：支付运营维护成本—缴纳流转税—偿还借款利息—计提折旧—偿还借款本金。

考点11 经济影响分析

例：关于经济费用效益分析作用的说法，正确的有（ABCDEFGH）。

A. 正确反映项目对社会福利的净贡献

B. 对项目的经济合理性进行评价

C. 有助于限制本身财务效益好、经济效益差的项目

D. 有助于鼓励本身财务效益差、经济效益好的项目

E. 可为政府审批或核准提供依据

F. 可为财务方案制订提供依据

G. 可在方案比选和优化方面发挥重要作用

H. 有助于实现企业、地区与全社会利益有机结合和平衡

■)) 考点点评

1. 除上述知识点，还应熟悉经济影响分析编制的内容与深度。

2. 经济费用效益分析主要经济分析指标：经济净现值（ENPV）和经济内部收益率（EIRR）指标。费用效果分析指标：效果费用比（$R_{E/C}$），习惯上也可以采用费用效果比（$R_{C/E}$）指标。

考点12 市场预测的方法

例：市场预测的方法通常分为定性预测和定量预测两大类。常用的定量预测方法有（ABCDEFG）。

A. 回归分析法　　　　　　　　　B. 消费系数法

C. 弹性系数法　　　　　　　　　D. 购买力估算法

E. 移动平均法　　　　　　　　　F. 指数平滑法

G. 成长曲线模型　　　　　　　　H. 类推预测法

I. 专家预测法　　　　　　　　　J. 征兆指标法

K. 点面联想法

题号	拓展同类必刷题	答案
1	下列市场预测方法中，常用的定性预测方法有（　　）。	HIJK
2	下列市场预测方法中，适合作长期预测的方法有（　　）。	HIJ
3	下列市场预测方法中，属于因果分析法的有（　　）。	ABCD
4	下列市场预测方法中，属于延伸性预测法的有（　　）。	EFG
5	下列市场预测方法中，适用于中长期预测的方法有（　　）。	ABCDG

考点13 安全保障方案

例：关于建设项目可行性研究报告中安全保障方案的说法，正确的有（ABCDEFGHIJKLMNOPQR）。

A. 分析项目生产过程中可能存在的危险物品，是否属剧毒品、高毒品、易制毒化学品、监控化学品等

B. 分析项目中是否存在首批重点监管的危险物品

C. 分析项目中是否存在首批重点监管的危险生产工艺

D. 分析工艺安全性是否有保证

E. 分析项目中是否存在重大危险源，并对重大危险源进行分级

F. 分析生产或储存过程中可能产生的危险有害因素

G. 项目所在地自然危害因素如地震、洪水、高温、雷电等对项目可能产生的危害分析

H. 周边环境可能对项目产生的危害分析

I. 分析项目所在地自然环境及周边地区对职业卫生可能产生的影响和危害

J. 职业病危害因素应根据其分类，对其危害特性、接触限值等进行阐述

K. 对装置可能产生的职业病危害因素的主要部位、可能接触人数、接触时间进行分析

L. 设置职业卫生管理机构，并配备专职或兼职的管理人员，建立相应的职业卫生规章制度

M. 描述项目邻近单位和消防部门的消防设施和协作条件，提出可依托的可能性

N. 对改、扩建项目和技术改造项目要对原有消防系统进行描述，包括消防标准、消防体制、消防设施

O. 根据工程的原材料、中间产品及成品的物性，说明在储存、生产过程、运输过程等各个环节的火灾危险性

P. 根据工艺生产和辅助设施的运行特点，说明各生产部位、建筑物、厂房等产生火灾的危险性

Q. 根据火灾危险性，确定工程各单项的火灾危险性类别

R. 说明采用的防火措施及配置的消防系统

🔊 **考点点评**

　　安全、职业卫生与消防是可行性研究报告中的重要内容之一。对安全、职业卫生与消防可行性研究报告编写内容要掌握，会以判断正确与错误说法的题目进行考查。

考点 14　碳达峰碳中和分析

例： 根据《关于完整准确全面贯彻新发展理念做好碳达峰碳中和工作的意见》，对建设领域中碳达峰碳中和工作具体要求包括（ABCD）。

A. 强化绿色低碳发展规划引领　　　　B. 优化绿色低碳发展区域布局

C. 推动产业结构优化升级　　　　　　D. 坚决遏制高耗能高排放项目盲目发展

🔊 **考点点评**

　　1. 对我国确定的双碳目标应熟悉。

　　2. 对于高耗能、高排放项目，应预测并核算项目年度碳排放总量、主要产品碳排放强度，提出项目碳排放控制方案，明确拟采取减少碳排放的路径与方式，分析项目对所在地区碳达峰碳中和目标实现的影响。

考点 15　盈利能力分析

例： 在可行性研究报告中，一般可按生产要素法估算成本和费用，下列费用属于生产成本费用的有（ABCDEFGHI）。

A. 外购原材料费用　　　　　　　　　B. 外购燃料费用

C. 外购动力费用   D. 折旧费用

E. 维修费用   F. 其他制造费用

G. 其他管理费用   H. 财务费用

I. 其他营业费用   J. 无形资产

K. 其他摊销费用   L. 固定资产折旧费

题号	拓展同类必刷题	答案
1	经营成本为总成本费用扣除（ ）后的成本费用。	HJKL

🔊 **考点点评**

1. 熟悉盈利能力分析的作用。

2. 企业投资项目盈利能力分析编制的内容包括产品成本和费用估算、收入和税金估算、盈利能力分析。

(1)"税金及附加"科目应核算消费税、城市维护建设税、资源税、教育费附加及房产税、土地使用税、车船使用税、印花税等相关税费。

(2) 盈利能力分析指标分为静态指标和动态指标，注意区分。

考点 16　融资方案

例 1： 根据现行规定，关于不动产投资信托基金（REITs）的说法，正确的有（ABCDEFGHIJ）。

A. 试点 REITs 的领域包括物流和仓库、收费公路和交通基础设施、城市公用事业、污水和垃圾处理、信息网络等战略性和新兴产业

B. 试点 REITs 的项目，要求项目必须有明确的所有权和产生稳定收入的能力

C. 发行 REITs 时，要求原始权益人必须参与战略配售，比例不少于基金份额发售总量的 20%，且持有期不少于 5 年

D. 发行 REITs 时，其他专业机构投资者可以参与战略配售，比例由基金管理人和财务顾问协商确定，持有期限不少于 1 年

E. 网下询价限于证券公司、基金管理公司、保险公司、政府专项基金、产业投资基金等专业投资者

F. 发行 REITs 时，扣除向战略投资者配售部分后，网下发售比例不低于本次公开发行数量的 80%

G. 优先支持百货商场、购物中心、农贸市场等城乡商业网点项目，保障基本民生的社区商业项目发行基础设施 REITs

H. 申报发行基础设施 REITs 的特许经营权、经营收益权类项目，基金存续期内部收益率（IRR）原则上不低于 5%

I. 申报发行基础设施 REITs 的非特许经营权、经营收益权类项目，预计未来 3 年每年净现金流分派率原则上不低于 3.8%

J. 鼓励更多保障性租赁住房 REITs 发行

🔊 **考点点评**

1. 试点 REITs 的领域还可能考查多项选择题，需要注意试点产业的项目必须有明确的所有权和产生稳定收入的能力。

2. 选项 C、D、F、H、I 中出现的数据要掌握，也会作为单项选择题采分点。

例2：关于企业投资项目融资方案编制内容的说法，正确的有（ABCDEFG）。

A. 资金来源为权益资金，应说明来源及方式

B. 权益资金筹措时，权益资本的比例要满足国家规定的不同行业最低要求和债权人的要求

C. 上报国家和地方政府有关部门审批的项目，30%的铺底流动资金必须是权益资金

D. 资金来源为债务资金，应说明来源及方式

E. 说明项目使用准股本资金的来源及使用条件

F. 进行融资成本分析时，主要分析计算债务资金成本、权益资本成本和加权平均资金成本

G. 采用项目融资模式的投资项目，要结合项目具体情况，在做融资成本分析的同时，专题做风险分析

🔊 **考点点评**

1. 资金来源包括权益资金、债务资金、准股本资金和融资租赁，可能会考查多项选择题。

2. 注意选项C，可能会将"权益资金"作为采分点考查单项选择题。

考点17　财务持续性分析

例：关于财务可持续性分析的说法，正确的有（ABCDEF）。

A. 财务可持续性分析对非营利性项目决策发挥重要作用

B. 财务可持续性分析对非经营性项目、社会公益性项目的财务可持续性的考察起着重要的作用

C. 应分析是否有足够的净现金流量维持正常运营，尤其是在项目投产初期

D. 应分析各年累计盈余资金是否出现负值，是短期还是长期，对出现负值的原因进行分析

E. 非经营项目通过财务可持续性分析提出需要政府或投资者补助维持项目持续运营的费用

F. 财务可持续性分析的报表主要是财务计划现金流量表

🔊 **考点点评**

财务持续性分析还可能会这样命题：对于政府资本金注入项目，编制财务计划现金流量表，计算各年净现金流量和累计盈余资金，判断（　　　）。答案是：拟建项目是否有足够的净现金流量维持正常运营。

考点18　可行性研究报告的评估

例：关于可行性研究报告项目选址与要素保障评估的说法，正确的有（ABCDEFGH）。

A. 对于一般生产类项目，应重点评估项目场（厂）址选择是否满足城市（乡、镇）总体规划、土地利用总体规划、工业园区总体规划、环境保护规划等的要求

B. 对于一般生产类项目，应重点评估项目场（厂）址选择是否具备工程地质条件、水文地质条件、自然气象条件、防洪防涝条件

C. 对于一般生产类项目，应重点评估项目场（厂）址选择是否具备工厂建设所必需的社会经济条件、交通运输条件和水电供应条件

D. 大型项目的场（厂）址、路由、线路选择，还要从维护公众利益角度进行分析

E. 涉及人口动迁和拆迁补偿的项目，需要评估动迁人口的数量、态度、补偿标准等，分析对项目的影响

F. 建设条件评估的重点是建设条件描述的完整性和准确性以及对项目的适合性

G. 要素保障分析评估的重点是土地要素的保障，以及水资源、能耗、碳排放强度和污染物减排指标控制要求及保障能力

H. 涉及大量用水、用能和排放强度大的项目，应重点评估取得水资源、能源、生态环境资源以及碳排放等指标的依法合规性以及保障程度

考点点评

可行性研究报告评估包括项目建设必要性的评估、项目需求分析的评估、建设内容和规模以及产品方案的评估、项目选址与要素保障的评估、项目建设方案的评估、项目运营的评估、项目投融资与财务方案的评估、项目影响效果分析的评估、项目风险管控方案的评估、研究结论与建议的评估。这部分内容应熟悉，可能会考查判断正确与错误说法的题目。

四、本章真题实训

1. 【2024年真题】建设项目的水重复利用率为98.5%，外排水量20m³/h，要求新水利用系数达到99.5%，则该项目生产过程中取用的新水量为（   ）m³/h。
   A. 3940.00
   B. 4000.00
   C. 4060.91
   D. 4081.32

2. 【2024年真题】根据现行规定，关于不动产投资信托基金（REITs）的说法，正确的是（   ）。
   A. 试点REITs的具体领域包括无收入能力的城市公用事业，污水和垃圾处理等产业
   B. 发行REITs时，要求原始权益人必须参与战略配售，比例不少于基金份额发售总量的20%，持有期不少于5年
   C. 申报发行基础设施REITs的特许经营权、经营收益权项目，存续期内部收益率（IRR）原则上低于3.8%
   D. 项目发起人（原始权益人）为有消费基础设施、开展相关业务或从事商品住宅开发业务的独立法人主体

3. 【2024年真题】关于投资项目财务可持续性分析的说法，正确的是（   ）。
   A. 分析依据的报表主要是财务计划现金流量表
   B. 非营利性项目不需要进行财务可持续性分析
   C. 政府投资项目不需要进行财务可持续性分析
   D. 财务可持续性分析的主要指标是财务净现值

4. 【2024年真题】关于可行性研究中节能与节水内容的说法，正确的是（   ）。
   A. 可行性研究阶段主要是研究工艺技术与设备的节能措施，达到节能的目的
   B. 可行性研究阶段主要是研究循环水工艺技术的节水措施，以达到节水的目的
   C. 按照可比能耗，分析项目万元产值或工业增加值能耗指标是否达到国家、地方或行业规定水平
   D. 根据项目具体情况，对水资源丰富的地区，无须分析项目总体用水和水资源供应的满足性和经济性

5. 【2023年真题】关于并购项目中被并购企业价值的说法，正确的是（   ）。
   A. 内在价值是指并购价格
   B. 战略价值是指企业的并购效益
   C. 基础价值是指企业的净资产价值
   D. 可接受价格等于企业的账面价值

6. 【2022 年真题】某项目可行性研究过程中出现技术方案选择的重大分歧，对此，可行性研究报告应（   ）。

   A. 只论证最终选出方案的合理性，不需要提及过程中的分歧

   B. 在附文中补充落选方案未被采纳的理由，不需要提及过程中的分歧

   C. 只论证最终选出方案的合理性，但需反映过程中的分歧

   D. 如实反映过程中的分歧，并阐述落选方案未被采纳的理由

7. 【2022 年真题】关于项目可行性研究报告中职业卫生篇（章）编制内容的说法，正确的是（   ）。

   A. 应分析项目场址及周围 $1km^2$ 内的职业卫生影响和危害

   B. 应分析项目产品使用过程中可能产生的职业病危害因素和职业病

   C. 应根据项目具体情况提出专职或兼职人员的配置

   D. 应从产品定位、建设规模优化方面制订职业卫生防护措施

8. 【2022 年真题】关于不同行业项目可行性研究报告特点的说法，正确的是（   ）。

   A. 交通运输项目的站线选择应充分考虑搬迁和移民安置问题

   B. 公共建筑项目经济评价的重点是项目盈利性分析

   C. 资源开发项目应根据资源需求确定项目的建设规模

   D. 政府农业开发项目应以财务分析为主，经济分析为辅

9. 【2021 年真题】关于并购项目评价的说法，正确的是（   ）。

   A. 并购价格由目标企业收购价格、咨询费和律师费组成

   B. 目标企业收购价格一般应采用市场比较法估算

   C. 并购企业价值分为企业基础价值、内在价值和战略价值三个层次

   D. 并购项目的效益包括财务协同效益和经济协同效益两部分

10. 【2020 年真题】关于一般性经营性项目可行性研究及其报告应达到的深度要求的说法，正确的是（   ）。

    A. 可行性研究报告应内容齐全，必须包括经济分析、社会稳定风险分析等内容

    B. 可行性研究要以市场为导向，以经济效益或投资效果为中心

    C. 可行性研究中确定的主要工程技术数据能满足施工图设计的要求

    D. 可行性研究报告应结论明确，满足政府定方案、定项目的需要

11. 【2020 年真题】关于项目可行性研究中市场预测分析目的的说法，错误的是（   ）。

    A. 为确定项目的目标市场、建设规模和产品方案提供依据

    B. 对项目原材料、技术和装备选择等提出要求

    C. 为确定产品（服务）价格和运输费用提供参考

    D. 为确定项目的受益群体和受损群体提供参考

12. 【2019 年真题】某工业项目年产量 15 万 t，年用水总量为 10 万 m^3，水的重复利用率为 90%，则该项目的单位产品新水耗水量是（   ）t。

    A. 1.50   B. 0.67   C. 0.73   D. 0.07

13. 【2024 年真题】关于政府和社会资本合作（PPP）的说法，正确的有（   ）。

    A. 采用政府付费模式的 PPP 项目可使用财政资金补贴项目建设成本和运营成本

    B. PPP 项目的实施应全部采取特许经营模式，根据项目实际情况采取具体实施方式

    C. 政府和社会资本合作应限定于有经营性收益的项目，如智慧交通、智慧农业等新型基础设施项目

    D. 公平选择特许经营者，特许经营期限原则上不超过 40 年，投资规模大、回报周期长的特许经营项目可以根据实际情况适当延长

E. 严格审核特许经营，PPP 项目实施机构应参照可行性研究报告编写规范，牵头编制特许经营方案

14. 【2024 年真题】关于建设项目可行性研究报告中安全保障方案的说法，正确的有（　　）。

A. 项目所在地的地震洪水、高温、雷电等属于正常自然的因素，可不做分析

B. 分析项目生产过程中可能存在的危险物品是否属于剧毒品、高毒品、监控化学品等

C. 对首批重点监管的危险生产工艺，分析工艺安全性是否有保证

D. 对装置可能产生的职业病危害因素的主要部位、可能接触人数、接触时间进行分析

E. 原材料中间产品及成品储存过程、生产过程、运输过程等环节的火灾危险性，据此确定工程单项的危险性类别

15. 【2023 年真题】下列建设条件中，属于投资项目建设地点自然条件的有（　　）。

A. 洪涝水位　　　　　　　　　　B. 区域电力供应能力

C. 区域地质构造情况　　　　　　D. 区域环境容量状况

E. 区域水资源供需平衡情况

16. 【2023 年真题】下列市场预测方法中，属于因果分析法的有（　　）。

A. 移动平均法　　　　　　　　　B. 系统动力模型

C. 购买力估算法　　　　　　　　D. 投入产出法

E. 弹性系数法

17. 【2022 年真题】关于项目可行性研究节能篇章中节能技术和措施的说法，正确的有（　　）。

A. 应从项目整体优化角度分析节能技术和措施

B. 应通过优化设计达到工艺技术节能效果

C. 应通过技术方案比选，选定技术最先进的方案

D. 自动控制方案节能是节能措施的重要内容

E. 对于产品可作能源使用的项目，应计算能源转换效率

18. 【2021 年真题】关于项目可行性研究中人力资源配置方案的说法，正确的有（　　）。

A. 人力资源配置方案是投资估算和成本估算的依据

B. 人力资源配置方案应体现项目运营特点

C. 项目运营管理人员的配置数量应根据劳动定额测算

D. 只考虑项目投产运营后的员工招聘及员工培训，不考虑施工人员安排

E. 境外投资项目的人力资源配置应考虑所在国或地区的民族宗教因素

19. 【2021 年真题】关于项目可行性研究报告建设条件和场（厂）址选择评估的说法，正确的有（　　）。

A. 大型项目的场（厂）址选择应评估项目对公众利益的影响

B. 涉及人口动迁的项目应评估补偿标准是否按照建设单位的规定执行

C. 工业生产项目应评估是否满足土地利用总体规划要求

D. 固体废弃物处置项目应评估是否遵守了行业规范

E. 生态和环境条件通常不属于建设条件评估内容

20. 【2020 年真题】关于非经营性项目财务分析特点的说法，正确的有（　　）。

A. 没有营业收入的项目，可以不进行财务分析

B. 有营业收入但不足以补偿运营维护成本的项目，财务分析主要估算政府财政补贴额度，以满足项目偿债要求

C. 有营业收入但短期内不足以补偿全部运营维护成本，未来可产生盈余的项目，财务分析需要估算政府财政有限补贴时间和额度，以满足财务生存能力要求

D. 有营业收入且有盈余的项目，其财务分析与一般经营性项目基本相同

E. 效益难以货币化的项目，可采用费用效果比来进行方案比选

21.【2019年真题】关于投资估算必须达到的要求的说法，正确的有（　　　）。

A. 工程内容和费用构成齐全，不提高或降低估算标准，不高估冒算或漏项少算

B. 选用指标与具体工程之间存在标准或条件差异时，应进行必要的换算或调整

C. 投资估算的精度应根据项目的规模确定

D. 投资估算应做到方法科学、基础资料完整、依据充分

E. 投资估算内容划分应符合行业规范

五、本章真题实训答案及解析

1. B。(生产过程中取用的新水量－20m³/h)/生产过程中取用的新水量＝99.5%，得出生产过程中取用的新水量＝4000.00m³/h。

2. B。选项A错误，要求项目必须有明确的所有权和产生稳定收入的能力。选项C错误，不低于5%。选项D错误，不得从事商品住宅开发业务。

3. A。财务可持续性分析对非营利性项目决策发挥重要作用，特别是对非经营性项目、社会公益性项目的财务可持续性的考察起着重要的作用，故选项B错误。对于政府资本金注入项目，编制财务计划现金流量表，计算各年净现金流量和累计盈余资金，判断拟建项目是否有足够的净现金流量维持正常运营，故选项C错误。财务可持续性分析，分析是否有足够的净现金流量维持正常运营，尤其是在项目投产初期。分析各年累计盈余资金是否出现负值，短期还是长期，对出现负值的原因进行分析，故选项D错误。

4. C。选项A错误，项目节能分析与措施包括：①全厂综合性节能技术和措施；②装置节能技术和措施；③能耗分析；④叙述项目能源计量仪表配置原则、能源计量配置情况；⑤项目实施对所在地完成节能目标任务的影响分析。选项B错误，对全厂工艺装置、公用工程、辅助生产设施中主要耗水装置分别叙述采用的节水措施和效果。选项D错误，根据项目具体情况，从项目整体优化入手，说明项目总体用水和水资源利用的合理性。

5. C。选项A错误，内在价值是目标企业的动态价值。选项B错误，战略价值是取得规模经济效益。选项D是很明显的错误，账面价值不等于可接受价格。

6. D。可行性研究报告应反映可行性研究过程中出现的某些方案的重大分歧及未被采纳的理由。

7. C。选项A错误，应分析项目所在地自然环境及周边地区对职业卫生可能产生的影响和危害。选项B错误，根据《职业病危害因素分类目录》和《职业病目录》的规定，分析本项目生产过程中可能产生的职业病危害因素和职业病。选项D错误，应从选址、总体布局、防尘防毒、防暑防寒、防噪声与振动、采光和照明、辅助用室等方面采取职业卫生防护措施。

8. A。选项B错误，公共建筑项目主要强调社会服务功能，分析的重点是社会需求与服务。选项C错误，重点研究资源开发利用的条件。选项D错误，项目层次评价以经济分析为主，财务分析为辅，经营层次评价只进行财务分析。

9. C。并购成本包括收购价格、咨询费、律师费、佣金等，以及收购后对企业的改造、改组、人员安置与遣散费用等，故选项A错误。并购价格估算方法包括收益现值法、市场比较法、财务比率法、账面价值调整法、市盈率法、成本法、清算价值法等，每种方法都有其适用条件，应根据并购企业具体情况确定，故选项B错误。并购的效益包括企业自身的效益和由于并购带来的企业整体协同效益，故选项D错误。

10. B。可行性研究报告应达到内容齐全、数据准确、论据充分、结论明确的要求，以满足决

策者定方案、定项目的需要，故选项 A、D 错误。可行性研究报告中确定的主要工程技术数据，应能满足项目初步设计的要求，故选项 C 错误。

11. D。市场预测分析的目的包括：①为确定项目的目标市场、建设规模和产品方案提供依据，故选项 A 正确；②对项目原材料、技术和装备选择等提出要求，故选项 B 正确；③为项目财务分析和经济分析确定产品（服务）价格和运输费用提供参考，故选项 C 正确。本题让选出说法错误的，应选 D 项。

12. D。本题的计算过程为：

重复利用率 = 重复利用水量/总用水量，则重复利用水量 = 总用水量 × 重复利用率 = 10 万 m^3 × 90% = 9 万 m^3

总用水量 = 重复利用水量 + 生产过程中取用的新水量，则新水 = (10 - 9) 万 m^3 = 1 万 m^3。

单位产品新水耗水量 = (1/15)t ≈ 0.07t。

13. BCDE。选项 A 错误，政府付费只能按规定补贴运营，不能补贴建设成本。

14. BCDE。需要进行环境危害因素分析，包括项目所在地自然危害因素如地震、洪水、高温、雷电等对项目可能产生的危害分析，故选项 A 错误。

15. AC。选项 B 区域电力供应能力和选项 E 区域水资源供需平衡情况属于公用工程条件；选项 D 区域环境容量状况属于生态、环境、安全和卫生条件。

16. CE。市场预测方法中因果分析法包括回归分析法、消费系数法、弹性系数法、购买力估算法；延伸预测法包括移动平均法、指数平滑法、成长曲线模型。

17. ABE。选项 C 错误，选择技术经济最优的方案。选项 D 错误，自动控制方案节能是节能措施的内容，不是重要内容。

18. ABE。按组织机构职责范围、业务分工计算管理人员人数，或按照经验数据和管理人员占总员工的比例计算管理人员人数，故选项 C 错误。项目性质、建设规模和生产运营方式不同，机构设置的模式和运转方式也不尽相同，不同的投资者也会有不同的偏好，故选项 D 错误。

19. ACD。如果涉及人口动迁和拆迁补偿的，需要评估动迁人口的数量、态度、补偿标准等，分析对项目的影响，故选项 B 错误。建设条件包括建设地点的自然条件、社会经济条件、外部交通条件、公用工程配套条件、用地条件、生态与环境条件等，故选项 E 错误。

20. CDE。对没有营业收入的项目，不需进行盈利能力分析，应进行财务分析，其重在考察财务可持续性，故选项 A 错误。对有营业收入的项目，有营业收入，但不足以补偿运营维护成本的项目，应估算收入和成本费用，通过两者差额来估算运营期各年需要政府给予补贴的数额，进行财务生存能力分析，并分析政府长期提供财政补贴的可行性，故选项 B 错误。

21. ABDE。选项 C 错误，估算的准确度应能满足项目决策的要求。

六、本章同步练习

（一）单项选择题（每题 1 分。每题的备选项中，只有 1 个最符合题意）

1. 关于项目可行性研究报告作用的说法，正确的是（   ）。

   A. 可行性研究报告是编制初步设计文件的依据

   B. 可行性研究报告是编制项目建议书的依据

   C. 可行性研究报告是编制区域发展规划的依据

   D. 可行性研究报告是企业制订发展战略的依据

2. 关于市场预测分析的说法，正确的是（   ）。

   A. 市场预测分析包括国外市场、国内市场、区域市场和目标市场等多个层次

   B. 对项目产品增量不大，对原有市场影响较小的产品，可不进行市场预测分析

C. 初步可行性研究报告应对主要产品的市场供需状况、价格走势以及竞争力进行预测分析

D. 对项目市场竞争激烈的产品，应编制市场预测专题报告

3. 在地质灾害易发区内进行工程建设，应在项目决策分析与评价阶段进行地质灾害危险性评估。地质灾害危险性评估的内容不包括（　　　）。

A. 工程建设诱发地质灾害的可能性

B. 对可能的地质灾害危害拟采取的防治措施

C. 工程建设本身可能遭受地质灾害危害的危险性

D. 工程建设抑制地质灾害发生的可能性

4. 关于非经营性项目财务分析的说法，正确的是（　　　）。

A. 难以货币化的项目，无法进行财务分析

B. 对于有营业收入的项目，应当按照竞争性项目进行财务分析

C. 有营业收入的项目，收入应当优先用于支付运营维护成本

D. 对没有营业收入的项目，不需要考察财务的可持续性

5. 下列关于项目可行性研究报告编制中，建设方案的建设条件与场（厂）址选择的说法，正确的是（　　　）。

A. 对公用工程条件应说明该工程水源可选方案及洪涝水位

B. 所有项目都应单独编制选址专题报告

C. 场（厂）址选择应进行多方案比较

D. 不同行业项目场（厂）址选择需要研究的具体内容、方法和遵循的规程规范基本相同

6. 职业病危害因素和职业病分析不包括（　　　）。

A. 周边环境职业病危害因素分析

B. 项目生产过程中可能产生的职业病危害因素和职业病分析

C. 危险物品的特性分析

D. 可能接触职业病危害因素的部位和人员分析

7. 某建设项目产品产量为100000t/h，总用水量46000m^3/h，重复利用水量43500m^3/h。则该项目水的重复利用率是（　　　）。

A. 43.5% B. 46.00% C. 89.50% D. 94.57%

8. 项目财务分析可以用于测算项目对（　　　）的价值贡献。

A. 财务主体和投资者 B. 社会公众

C. 行政主管部门 D. 项目原材料供应商

9. 水利水电项目的主要工程方案是（　　　）。

A. 生产工艺技术与装备方案 B. 建设规模方案

C. 配套设施方案 D. 主要建筑物方案

10. 关于可行性研究中环境保护治理措施及方案的说法，正确的是（　　　）。

A. 措施和方案必须经过公示且获得公众认可

B. 应说明环境保护治理措施制订所依据的污染物排放国际标准

C. 应选择预期环境投资最小的措施及方案

D. 应说明从源头控制到末端治理全过程所采取的环境保护治理措施

11. 关于效益难以货币化的非经营性项目的比选要求，下列说法错误的是（　　　）。

A. 费用应包含从项目立项到项目终结的整个期间内所发生的全部费用

B. 在效果相同的条件下，应选取费用最小的备选方案

C. 在费用相同的条件下，应选取效果最大的备选方案

D. 备选方案效果和费用均不相同时，应比较两个备选方案之间的费用差额和效果差额

（二）**多项选择题**（每题 2 分。每题的备选项中，有 2 个或 2 个以上符合题意，至少有 1 个错项。错选，本题不得分；少选，所选的每个选项得 0.5 分）

1. 关于可行性研究基本要求的说法，正确的有（　　　）。
   A. 必须采集相同项目的实际数据，用于拟建项目研究
   B. 必须在调查研究的基础上，按照客观情况进行论证和评价
   C. 应确定项目的全部设备和设施，以保证项目的可靠性
   D. 必须符合相关法律、法规和政策
   E. 必须应用现代科学技术手段进行分析和论证

2. 产品方案是指拟建项目的主导产品、辅助产品或副产品及其生产能力的组合方案。产品方案研究的内容通常包括（　　　）。
   A. 主要产品品种　　　　　　　　　　B. 产品年产量
   C. 产品用途　　　　　　　　　　　　D. 生产设备
   E. 工艺技术

3. 对项目进行竞争力优劣势分析时，主要竞争者分析包括（　　　）。
   A. 分析竞争者的现状　　　　　　　　B. 分析竞争者的营销手段
   C. 分析竞争者的区位优势　　　　　　D. 分析竞争者的影响范围
   E. 分析竞争者的产品成本和盈利空间

4. 关于投资估算作用的说法，正确的有（　　　）。
   A. 投资估算是投资决策的依据
   B. 投资估算是制订项目融资方案的依据
   C. 投资估算是进行项目经济评价的基础
   D. 投资估算是编制固定资产投资计划的依据
   E. 投资估算是确定和控制建设项目投资的依据

5. 可行性研究中市场预测分析的目的和作用包括（　　　）。
   A. 为确定项目的目标市场、建设规模和产品方案提供依据
   B. 对项目的原材料和技术选择提出要求
   C. 为项目的工程方案选择提供依据
   D. 为项目的职业安全卫生与消防方案确定提供依据
   E. 为财务分析和经济分析确定产品（服务）价格提供参考

6. 关于项目经济分析的说法，正确的有（　　　）。
   A. 可以采用影子价格估算项目的效益和费用
   B. 应评价项目对国外借款的清偿能力
   C. 应当反映项目对社会经济的净贡献和评价项目的经济合理性
   D. 应当按照合理配置资源的原则进行分析
   E. 应当分析项目对地区利益平衡的作用

7. 企业价值是公司所有的投资人对于公司资产要求权价值的总和，企业价值可分为（　　　）。
   A. 内在价值　　　　　　　　　　　　B. 使用价值
   C. 战略价值　　　　　　　　　　　　D. 选择价值
   E. 基础价值

8. BOT 项目可行性研究要重点考虑（　　　）。
   A. 消费者需求　　　　　　　　　　　B. 企业的潜在价值
   C. 盈利预测　　　　　　　　　　　　D. 竞争因素
   E. 盈利稳定性的估计

9. 风险投资项目的价值评估方法包括（　　　）。

    A. 市盈率法

    B. 成本法

    C. 财务比率法

    D. 收益现值法

    E. 比较法

10. 关于项目可行性研究报告建设方案评估的说法，正确的有（　　　）。

    A. 对关键技术与设备，应从产业安全角度评估技术设备的来源与可得性

    B. 技术改造方案，应评估与原有设备的匹配性和改造合理性

    C. 总图布置和建构筑物评估主要是考虑是否充分利用土地，符合集约节约用地、抗震设防、防洪减灾、消防应急以及绿色和韧性工程要求

    D. 对于厂外工程尤其是工业生产项目，应对其工厂界区外配套的码头、铁路、道路、给水、排水、供电、供气、供热、外管线、渣场等进行评估

    E. 建设管理方案主要评估是否按照投资者要求设计

七、本章同步练习答案

（一）单项选择题

1. A	2. A	3. D	4. C	5. C
6. C	7. D	8. A	9. D	10. D
11. A				

（二）多项选择题

1. BDE	2. ABCE	3. ABCD	4. ABC	5. ABE
6. ACD	7. ACE	8. ACDE	9. BDE	10. ABCD

第四章
项目申请书（报告）

一、本章核心考点分布

项目申请书（报告）的类别（2019年、2021年、2022年、2023年、2024年）

项目申请书（报告）的编制主体、依据、原则和要求（2019年、2020年、2021年、2022年、2023年、2024年）

项目申请书（报告）

项目申请书（报告）的编制内容（2021年、2022年、2023年）

项目申请书（报告）的评估内容和要点（2021年、2022年、2023年）

二、专家剖析考点

1. 项目申请书（报告）3 个类别及其内容和所附文件采用对比记忆方法，考查多项选择题的概率很大。

2. 项目申请书（报告）的编制内容要熟悉。

3. 项目申请书（报告）的编制主体和要求可能会考查判断正确与错误说法的题目。重点的论述内容一般会考查多项选择题。

4. 企业投资项目申请书（报告）的评估适合考查多项选择题。

三、本章核心考点必刷题

考点 1　项目申请书（报告）的类别

例 1：企业投资项目申请书（报告）的内容包括（ABCDE）。

A. 项目单位情况　　　　B. 拟建项目情况　　　　C. 资源利用影响分析
D. 生态环境影响分析　　E. 经济和社会影响分析　　F. 项目情况
G. 投资方情况　　　　　H. 项目对我国国家利益和安全的影响分析
I. 投资主体关于项目真实性的声明

题号	拓展同类必刷题	答案
1	外商投资项目申请书（报告）的内容包括（　）。	CDEFG
2	境外投资项目申请书（报告）的内容包括（　）。	FGHI

例 2：项目单位在报送企业投资项目申请报告时，应当附送的文件包括（ABCD）。

A. 城乡规划行政主管部门出具的选址意见书

B. 自然资源行政主管部门出具的用地预审意见

C. 环境保护行政主管部门出具的环境影响评价审批文件

D. 节能审查机关出具的节能审查意见

E. 中外投资各方的企业注册证明材料

F. 中外投资各方的经审计的最新企业财务报表

G. 中外投资各方的开户银行出具的资金信用证明

H. 投资意向书

I. 增资、并购项目的公司董事会决议

J. 以国有资产出资的，需由有关主管部门出具确认文件

题号	拓展同类必刷题	答案
1	外商投资项目申请报告应附的文件包括（　　）。	ABCDEFGHIJ

🔊 **考点点评**

掌握境外投资项目实行核准管理的范围、核准机关。

（1）实行核准管理的范围：投资主体直接或通过其控制的境外企业开展的敏感类项目。

（2）核准机关：国家发展改革委。

投资主体开展境外投资，应当履行境外投资核准、备案等手续。

考点2　项目申请书（报告）的编制主体、依据、原则和要求

例：项目申请书（报告）的编制要重点从（ABCDE）方面进行。

A. 规划布局　　　　　　　　　　B. 资源利用

C. 征地移民　　　　　　　　　　D. 生态环境

E. 经济和社会影响　　　　　　　F. 项目市场前景

G. 经济效益　　　　　　　　　　H. 资金来源

I. 产品技术方案

🔊 **考点点评**

1. 选项F、G、H、I属于由企业自主决策的内容，不必详细分析和论证。

2. 项目申请书（报告）编制的主体、依据和深度要求，可能会考查判断正确与错误说法的综合题目。

（1）主体：项目单位自行编写，也可以由项目单位自主委托具有相关经验和能力的中介服务机构编写。要特别注意，任何单位和个人不得强制项目单位委托工程咨询单位编制。

（2）依据：按照项目申请书（报告）通用文本和行业示范文本的要求编写。

（3）深度要求：要满足评估机构进行项目评估和有关核准部门进行核准的要求。

考点3　项目申请书（报告）的编制内容

例：编制项目申请书（报告）过程中，重点针对拟建项目直接关系人民群众切实利益且涉及面广、容易引发的社会稳定问题，从合法性、合理性、可行性和可控性等方面进行分析属于（M）。

A. 资源开发方案分析　　　　　　B. 资源利用方案分析

C. 资源节约措施分析　　　　　　D. 生态和环境现状分析

E. 生态环境影响分析 F. 生态环境保护措施分析
G. 社会经济费用效益或费用效果分析 H. 行业影响分析
I. 区域经济影响分析 J. 宏观经济影响分析
K. 社会影响效果分析 L. 社会适应性分析
M. 社会稳定风险分析

题号	拓展同类必刷题	答案
1	分析拟开发资源的可开发量、自然品质、赋存条件、开发价值等，评价是否符合资源综合利用的要求，属于项目申请书（报告）编制内容中的（ ）。	A
2	通过对单位生产能力主要资源消耗量指标的对比分析，评价资源利用效率的先进程度，分析评价项目建设是否会对地表（下）水等其他资源造成不利影响，属于项目申请书（报告）编制内容中的（ ）。	B
3	对拟建项目的资源消耗指标进行分析，阐述在提高资源利用效率、降低资源消耗、实现资源能源再利用与再循环等方面的对策措施，论证是否符合资源节约综合利用政策及相关专项规划的要求，属于项目申请书（报告）编制内容中的（ ）。	C
4	明确项目建设是否涉及生态保护红线以及与相关规划环评结论的相符性，属于项目申请书（报告）编制内容中的（ ）。	D
5	对生态环境的影响因素和影响程度，对流域和区域生态系统及环境的综合影响分析，属于项目申请书（报告）编制内容中的（ ）。	E
6	对可能造成的生态环境损害提出保护措施，对治理方案的可行性、治理效果进行分析评价，属于项目申请书（报告）编制内容中的（ ）。	F
7	阐述行业现状的基本情况以及企业在行业中所处地位，分析拟建项目对所在行业及关联产业发展的影响，属于项目申请书（报告）编制内容中的（ ）。	H
8	对于区域经济可能产生重大影响的项目，应从区域经济发展、产业空间布局、当地财政收支、社会收入分配、市场竞争结构、对当地产业支撑作用和贡献等角度进行分析论证，属于项目申请书（报告）编制内容中的（ ）。	I
9	分析拟建项目能否为当地的社会环境、人文条件所接纳，评价该项目与当地社会环境的相互适应性，提出改进性方案，属于项目申请书（报告）编制内容中的（ ）。	L

考点4　项目申请书（报告）的评估内容和要点

例1：下列属于企业投资项目申请书（报告）评估的主要内容有（ABCDEFGHIJKLMNOPQRSTUVWXYZA1B1）。

A. 申报单位及项目概况评估 B. 发展规划评估
C. 产业政策评估 D. 行业准入评估
E. 自主创新和采用先进技术评估 F. 项目建设必要性评估
G. 资源开发方案评估 H. 资源利用方案评估
I. 资源节约措施评估 J. 用能标准和节能规范评估
K. 能耗状况和能耗指标分析 L. 节能措施和节能效果分析
M. 项目选址及用地方案评估 N. 土地利用合理性评估
O. 征地拆迁和移民安置规划方案评估 P. 环境和生态影响程度评估
Q. 生态环境保护措施评估 R. 地质灾害影响评估
S. 特殊环境影响评估 T. 对"两高"项目碳排放强度和总量评估

U. 经济费用效益或费用效果分析的评估   V. 行业影响评估

W. 区域经济影响评估   X. 宏观经济影响评估

Y. 社会影响效果评估   Z. 社会适应性评估

A1. 社会风险及对策措施评估   B1. 主要风险及应对措施评估

题号	拓展同类必刷题	答案
1	企业投资项目申请书（报告）中的资源开发及综合利用评估内容包括（ ）。	GHI
2	企业投资项目申请书（报告）中的节能方案评估内容包括（ ）。	JKL
3	企业投资项目申请书（报告）中的环境和生态影响评估内容包括（ ）。	PQRST
4	企业投资项目申请书（报告）中的经济影响评估内容包括（ ）。	UVWX

🔊 **考点点评**

关于企业投资项目申请书（报告）的咨询评估，还可能考查评估内容的一些具体应用。考生应对这一点特别关注。

例2： 对于境外投资项目的项目申请书（报告）进行评估，需要着重论证的内容包括（ABCDEFGHI）。

A. 是否符合共同发展的原则

B. 是否符合互利共赢的原则

C. 是否会危害公共利益

D. 是否会危害国家主权

E. 是否会危害安全

F. 是否符合国家资本项目管理相关规定

G. 是否违反我国缔结的国际条约

H. 是否违反我国参加的国际条约

I. 投资主体是否具备相应的投资实力

J. 是否符合外商投资产业指导目录的相关规定

K. 是否符合《自由贸易试验区外商投资准入特别管理措施（负面清单)》的相关规定

L. 是否符合《外商投资准入特别管理措施（负面清单)》的相关规定

M. 是否符合发展规划、产业政策以及准入标准

N. 是否合理开发并且有效利用资源

O. 是否影响国家生态安全

P. 是否符合外债管理的规定

Q. 是否对公众利益产生重大不利影响

题号	拓展同类必刷题	答案
1	对于外商投资项目的申请书（报告）评估需要着重论证的内容包括（ ）。	JKLMNOPQ

四、本章真题实训

1. 【2023年真题】关于境外投资项目的说法，正确的是（   ）。

A. 境外投资项目应向省级行政管理部门履行核准或备案手续

B. 涉及敏感国家、敏感地区和敏感行业的境外投资项目，应实行核准管理

C. 获得境外基础设施所有权、经营管理权的投资活动，不属于境外投资项目

D. 企业投资跨境水资源开发利用项目应向国家发展改革委提交可行性研究报告

2. 【2022年真题】根据《外商投资项目核准和备案管理办法》，下列材料中，属于外商投资

项目的项目申请书（报告）应附文件的是（　　）。

　　A. 中外投资各方的企业注册证明材料

　　B. 中外投资各方经审计的近 3 年企业财务报表

　　C. 拟投资项目的征地申请报告

　　D. 有资质的环评机构出具的环评报告

3.【2020 年真题】关于企业投资项目申请书（报告）编制要求的说法，正确的是（　　）。

　　A. 项目申请报告应由项目单位委托工程咨询单位编制

　　B. 项目申请报告应按国家发展改革委制定的通用文本和行业示范文本编制

　　C. 项目申请报告应重点论证工程技术方案等由企业自主决策的内容

　　D. 项目申请报告的内容和深度应满足项目评估和项目备案的要求

4.【2024 年真题】根据国家现行有关项目的规定，项目申请书（报告）的主要类型有（　　）。

　　A. 外商投资项目申请书　　　　　　B. 境外投资项目申请书

　　C. 私人投资项目申请书　　　　　　D. 企业投资项目申请书

　　E. 资源开发项目申请书

5.【2022 年真题】下列项目评估内容中，属于企业投资项目申请书（报告）重点评估内容的有（　　）。

　　A. 项目财务效益　　　　　　　　　B. 项目融资方案

　　C. 环境和生态影响　　　　　　　　D. 建设用地和拆迁安置情况

　　E. 产品市场竞争力

6.【2022 年真题】关于项目申请书（报告）中资源开发方案内容和要求的说法，正确的有（　　）。

　　A. 应重点分析投资方资源利用的财务盈利性

　　B. 应重视资源开发的规模效益

　　C. 应确保可再生资源的完全补偿

　　D. 资源的开发利用应首先考虑投资方的需求

　　E. 资源开发类项目应进行地表沉陷治理分析

7.【2021 年真题】下列编写内容中，属于项目申请书（报告）重点关注内容的有（　　）。

　　A. 项目申报单位的基本情况　　　　B. 拟建项目的财务盈利性分析

　　C. 拟建项目的产业政策符合性　　　D. 拟建项目的行业准入符合性

　　E. 拟建项目的组织结构

五、本章真题实训答案及解析

　　1. B。选项 A 错误，境外投资项目的核准机关是国家发展改革委，备案机关是国家发展改革委或省级政府发展改革部门。选项 C 错误，获得境外基础设施所有权、经营管理权的投资活动，属于境外投资项目。选项 D 错误。跨境水资源开发利用项目属于敏感行业，需实行核准管理；实现核准管理的项目，投资主体应提交项目申请书（报告），无须提交可行性研究报告。

　　2. A。根据《外商投资项目核准和备案管理办法》，外商投资项目申请报告应附文件之一是：中外投资各方的企业注册证明材料及经审计的最新企业财务报表、开户银行出具的资金信用证明。

　　3. B。项目申请报告也可以由项目单位自主委托具有相关经验和能力的中介服务机构编写，任何单位和个人不得强制项目单位委托工程咨询单位编制项目申请报告。故选项 A 错误。项目申请报告的编制，不必详细分析和论证项目市场前景、经济效益、资金来源、产品技术方案等由企业自主决策的内容。故选项 C 错误。项目申请报告的内容和深度要满足评估机构进行项目评估和有关核准部门进行核准的要求。故选项 D 错误。

4. **ABD**。项目申请书（报告）主要分为以下三类：企业投资项目申请书（报告）、外商投资项目申请书（报告）、境外投资项目申请书（报告）。

5. **CD**。对于企业提交的项目申请报告进行评估，除选项C、D外还包括：①申报单位及项目概况评估；②发展规划、产业政策和行业准入评估；③资源开发及综合利用评估；④节能评估；⑤移民安置评估；⑥经济影响评估；⑦社会影响评估；⑧主要风险及应对措施评估；⑨主要评估结论和建议。

6. **BE**。选项A、D阐述的是资源利用，根据题干首先应排除这两项。选项C，再生资源的完全补偿，阐述的是资源节约措施。

7. **ACD**。对项目申报单位及拟建项目基本情况的介绍，在项目申请报告的编写中占有非常重要的地位。选项A、C、D均属于项目单位及拟建项目情况的内容，除此之外还包括项目单位情况、拟建项目情况、技术标准和行业准入符合性。

六、本章同步练习

（一）单项选择题（每题1分。每题的备选项中，只有1个最符合题意）

1. 企业投资建设政府核准项目时，为获得项目核准机关对拟建项目的行政许可，按核准要求报送的项目论证报告是指（　　）。
   A. 项目建议书
   B. 项目资金申请报告
   C. 项目可行性研究报告
   D. 项目申请书（报告）

2. 关于项目申请书（报告）的编制要求，下列说法正确的是（　　）。
   A. 应当说明拟建项目与相关产业政策的符合性
   B. 必须要选择独立、客观、公正的工程咨询公司编制项目申请报告
   C. 应当重点论证项目的市场前景、社会效益以及资金来源
   D. 项目申请报告的编制单位应由核准机关委托

3. 阐述行业现状的基本情况以及企业在行业中所处地位，分析拟建项目对所在行业及关联产业发展的影响，属于项目申请书（报告）编制内容中的（　　）。
   A. 行业影响分析
   B. 区域经济影响分析
   C. 宏观经济影响分析
   D. 社会影响效果分析

4. 对于高耗能、高排放的"两高"项目，分析其碳减排措施和碳减排能力，属于项目申请书（报告）编制内容中的（　　）。
   A. 资源开发及综合利用分析
   B. 生态环境影响分析
   C. 经济影响分析
   D. 社会影响分析

（二）多项选择题（每题2分。每题的备选项中，有2个或2个以上符合题意，至少有1个错项。错选，本题不得分；少选，所选的每个选项得0.5分）

1. 企业投资项目申请书（报告）应包括（　　）。
   A. 项目节能分析
   B. 项目单位情况
   C. 经济和社会影响分析
   D. 拟建项目情况
   E. 资源利用和生态环境影响分析

2. 下列涉及国家经济安全的重大项目分析内容中，属于经济安全分析内容的有（　　）。
   A. 产业技术安全分析
   B. 社会造价安全分析
   C. 资本供应安全分析
   D. 生态环境安全分析
   E. 资源供应安全分析

3. 社会影响效果分析应重点阐述的内容包括（　　）。
   A. 社会影响区域范围的界定

B. 分析拟建项目能否被当地的社会环境、人文条件所接纳

C. 区域内受项目影响的机构和人群的识别

D. 识别各方面的社会风险持续时间和影响程度

E. 分析项目可能导致的各种社会影响效果

4. 下列项目评估内容中，属于社会影响评估内容的有（　　　）。

A. 评估拟建项目对就业、减轻贫困、社区发展等方面的正面影响效果，无须对负面影响效果进行评估

B. 分析拟建项目能否为当地的社会环境、人文条件所接纳，当地居民支持拟建项目的程度

C. 对拟建项目与当地社会环境的相互适应性提出评估意见

D. 对解决相关社会问题，减轻负面社会影响的措施方案提出评估意见

E. 分析拟建项目利益相关者的需求，目标人群对项目建设内容的认可和接受程度

七、本章同步练习答案

（一）单项选择题

1. D	2. A	3. A	4. B

（二）多项选择题

1. BCDE	2. AE	3. ACE	4. BCDE

第五章
资金申请报告

一、本章核心考点分布

资金申请报告

— 资金申请报告的分类（2021年、2022年、2023年）

— 资金申请报告的编制（2020年、2021年、2022年）

— 资金申请报告的评估要点

二、专家剖析考点

1. 资金申请报告3个类别的内容及报送时附送的文件要区分，会考查多项选择题。
2. 资金申请报告的编制内容要熟悉，可能会考查多项选择题。
3. 熟悉中央预算内投资补助和贴息项目的资金申请报告评估要点。

三、本章核心考点必刷题

考点1　资金申请报告的分类

例：财政补贴性资金支持项目资金申请报告的内容包括（ABCD）。

    A. 项目单位的基本情况和财务状况

    B. 项目的基本情况

    C. 申请投资补助或贴息资金的主要原因和政策依据

    D. 项目招标内容

    E. 申请国家补贴资金的主要理由和政策依据

    F. 项目概况

    G. 国外贷款来源及条件

    H. 项目对外工作进展情况

    I. 贷款使用范围

    J. 设备和材料采购清单及采购方式

    K. 经济分析和财务评价结论

    L. 贷款偿还及担保责任

    M. 还款资金来源及还款计划

题号	拓展同类必刷题	答案
1	高技术产业化项目资金申请报告的内容包括（　　）。	ABDE

题号	拓展同类必刷题	答案
2	国际金融组织贷款项目资金申请报告的内容包括（　　）。	FGHIJKLM

🔊 考点点评

1. 首先要了解什么是资金申请报告。它是指企业为获得政府资金支持、财政专项资金支持、国际金融组织或者外国政府贷款而编制的向有关政府提交的文件。

政府资金支持和专项资金支持的两个级别：国家级和地方级。

国家级资金支持一般对资金申请报告的内容和深度有明确规定和要求。

地方级资金支持应执行地方政府的规定，无规定者可参照国家规定执行或者适当简化。

2. 注意选项D，资金在500万元及以上的投资项目适用。

3. 在报送财政补贴性资金申请报告、高科技产业化项目资金申请报告、国际金融组织贷款项目资金申请报告时，应附送相关文件。这部分内容可能会考查多项选择题。

考点2　资金申请报告的编制

例： 资金申请报告的编制内容有（ABCDEFGHIJKLMNOPQRS）。

A. 项目单位及拟建项目情况

B. 项目的基本内容

C. 项目融资构成与资金来源

D. 项目融资构成、融资成本和融资方案合理性分析

E. 拟申请资金数额和理由

F. 项目资金使用计划分析

G. 项目财务分析

H. 项目经济分析

I. 项目清偿能力分析

J. 社会影响效果分析

K. 社会适应性分析

L. 社会稳定风险分析

M. 资源风险和防范措施

N. 市场风险和防范措施

O. 技术装备风险和防范措施

P. 投资与融资的风险和防范措施

Q. 项目进展情况

R. 项目的市场与竞争力研究情况

S. 项目主要政策性内容落实情况

🔊 考点点评

1. 资金申请报告的编制内容在考查时，可能会给出具体的工作内容，判断是属于哪方面的分析。

2. 资金申请报告的编制依据：资金提供者提出的要求。可能设置的干扰选项是"资金申请者提出的要求"。

> 3. 资金申请报告的编制要求应熟悉。
> (1) 可以自行编制，也可以选择有能力、有实力的咨询机构进行编制。
> (2) 能反映投资主管部门对投资行为的引导和约束；反映项目投资主体情况、项目情况和资金使用情况。

考点3　资金申请报告的评估要点

例：对企业申请中央预算内投资补助、转贷和贷款贴息项目的资金申请报告进行咨询评估，主要评估要点包括（ABCDE）。

  A. 是否符合中央预算内投资的使用方向

  B. 是否符合有关工作方案的要求

  C. 是否符合投资补助、转贷和贴息资金的安排原则

  D. 提交的相关文件是否齐备、有效

  E. 项目的主要建设条件是否基本落实

  F. 是否符合国家利用国外贷款的政策及使用规定

  G. 是否符合国外贷款备选项目规划

  H. 是否已按规定履行审批、核准或备案手续

  I. 国外贷款偿还和担保责任是否明确

  J. 还款资金来源及还款计划是否落实

  K. 国外贷款机构对项目贷款是否已初步承诺

题号	拓展同类必刷题	答案
1	对企业申请借用国际金融组织和外国政府贷款投资项目的资金申请报告进行咨询评估，主要评估要点包括（　）。	FGHIJK

四、本章真题实训

1.【2022年真题】关于资金申请报告编制内容的说法，正确的是（　）。

  A. 利用国际金融组织贷款的项目，应说明企业是否使用过此项资金

  B. 项目总投资估算不包括资金筹措费用

  C. 重点是技术方案，不需要编制工程和配套措施方案

  D. 重点是清偿能力分析，不需要进行盈利能力分析

2.【2020年真题】中国企业在境内投资建设的项目，申请使用政府投资补助、贷款贴息的，应当在履行核准或备案手续后，向投资主管部门提交（　）。

  A. 项目建议书   B. 项目申请报告

  C. 项目资金申请报告   D. 项目初步设计

3.【2023年真题】下列项目中，应编制资金申请报告的有（　）。

  A. 政府以资本金注入方式参与的投资项目

  B. 按照规定需要各级政府提供财政补贴的投资项目

  C. 以投资补助方式使用中央预算内资金的投资项目

  D. 投资概算超过经批准的投资估算10%的政府投资项目

E. 申请使用地方政府资金补助的国家高科技产业化投资项目

4. 【2022 年真题】关于国际金融组织贷款项目资金申请报告的说法，正确的有（　　）。

A. 报送资金申请报告时，应提供贷款机构对项目的评估报告

B. 资金申请报告可作为项目申请报告的编制依据，并作为项目申请报告的附件

C. 备案项目报送资金申请报告时，应提供项目备案证明

D. 资金申请报告应包括贷款使用范围和资金安排

E. 企业报送的资金申请报告中的配套资金应由地方政府负责筹措

5. 【2021 年真题】关于财政补贴性资金支持项目资金申请报告的说法，正确的有（　　）。

A. 资金申请报告应提出投资补助或贴息的理由

B. 资金申请报告根据项目的大小，应有招标方案或招标书

C. 备案项目报送资金申请报告时应提供备案证明

D. 新征土地时，应提交有关部门出具的预审意见作为附件

E. 使用财政补贴性资金时，其他应全部为资本金

6. 【2020 年真题】关于项目资金申请报告编制要求的说法，正确的有（　　）。

A. 项目资金申请报告的编制一般以资金申请者提出的要求为依据

B. 项目资金申请报告应充分响应资金使用要求，反映投资主管部门对投资行为的引导和约束

C. 项目资金申请报告应反映项目投资主体情况、项目情况和资金使用情况

D. 申请政府资本金注入的项目应编制项目资金申请报告

E. 项目资金申请报告可以由项目单位自行编制

五、本章真题实训答案及解析

1. A。选项 B 错误，估算项目总投资包括资金筹措费用。选项 C 错误，需要编制工程和配套措施方案。选项 D 错误，包括财务分析、项目经济分析、项目清偿能力分析。

2. C。以投资补助和贴息方式使用中央预算内资金（包括长期建设国债投资），应编制资金申请报告。所以应向投资主管部门提交资金申请报告。

3. BCE。根据资金来源和性质不同，现阶段有明确规定和要求的资金申请报告主要有三类：财政补贴性资金支持项目资金申请报告、高技术产业化项目资金申请报告、国际金融组织贷款项目资金申请报告。政府资金支持包括政府投资、补助、奖励、转贷和贷款贴息等方式。选项 B、C 均属于财政补贴性资金支持项目；选项 E 属于高技术产业化项目。

4. ACD。选项 B 错误，项目申请报告的编制依据不包括资金申请报告。选项 E 错误，国务院行业主管部门提出项目资金申请报告时，如项目地方政府安排配套资金、承担贷款偿还责任或提供贷款担保的，应出具省级发展改革部门及有关部门意见。

5. ACD。选项 B、E 的说法是错误的。注意选项 B，对于申请投资补助或贴息资金 500 万元及以上的投资项目，应具备项目招标内容，不是具备招标方案或招标书。

6. BCE。资金申请报告文本编制通常以资金提供者提出的要求为依据。故选项 A 错误。以投资补助和贴息方式使用中央预算内资金（包括长期建设国债投资），应编制资金申请报告。故选项 D 错误。

（一）**单项选择题**（每题1分。每题的备选项中，只有1个最符合题意）

1. 资金申请报告是从（　　）角度，申报单位向政府回答企业拟建项目的合规性、企业承担项目的能力、项目财务上的可行性以及拟建项目对经济、社会、资源、环境等方面的影响和贡献。

    A. 政府公共管理　　　　　　　　　B. 市场前景可行性

    C. 资金使用的合理性　　　　　　　D. 财务可行性

2. 关于资金申请报告，下列说法正确的是（　　）。

    A. 资金申请报告类别与资金来源和性质没有关系

    B. 资金申请报告编制内容通常由资金申请者根据需要确定

    C. 资金申请报告是指项目投资者为了获得国外商业银行贷款而进行编制的报告

    D. 使用国际金融组织贷款的项目需要编制资金申请报告

3. 对企业申请中央预算内投资补助、转贷和贷款贴息项目的资金申请报告进行咨询评估，下列属于其主要评估要点的是（　　）。

    A. 是否符合国外贷款备选项目规划

    B. 是否符合有关工作方案的要求

    C. 贷款偿还和担保责任是否明确

    D. 是否已按规定履行审批、核准或备案手续

（二）**多项选择题**（每题2分。每题的备选项中，有2个或2个以上符合题意，至少有1个错项。错选，本题不得分；少选，所选的每个选项得0.5分）

1. 根据资金来源和性质不同，现阶段有明确规定和要求的资金申请报告主要有（　　）。

    A. 重点支撑项目资金申请报告　　　B. 财政补贴性资金支持项目资金申请报告

    C. 一般工业建设项目资金申请报告　D. 国际金融组织贷款项目资金申请报告

    E. 高技术产业化项目资金申请报告

2. 财政补贴性资金支持项目资金申请报告的内容包括（　　）。

    A. 项目单位的基本情况和财务状况

    B. 项目对外工作进展情况

    C. 申请投资补助或贴息资金的主要原因和政策依据

    D. 项目的基本情况

    E. 申请投资补助或贴息资金300万元及以上的投资项目招标内容

3. 资金申请报告编制内容中，对项目申报单位基本情况的编制，下列说法正确的有（　　）。

    A. 对于股份制企业，应介绍主要出资人情况

    B. 利用国际金融组织和国外政府贷款投资项目，应说明具体使用情况和资金偿还情况

    C. 对技术改造项目，要说明现有企业基本情况

    D. 利用国债（贴息）项目，应说明企业是否使用过该项资金

    E. 对并购项目，应说明企业目前存在的主要经营发展问题

4. 资金申请报告的编制内容中，应通过项目融资分析说明（　　）。

    A. 项目的运行能力　　　　　　　　B. 项目总投资及构成

    C. 政府资金介入的必要性　　　　　D. 拟申请资金数额和理由

    E. 项目引起的社会影响效果

七、本章同步练习答案

（一）单项选择题

1. C	2. D	3. B

（二）多项选择题

1. BDE	2. ACD	3. ABCD	4. BCD

第六章
建设方案研究与比选

一、本章核心考点分布

建设方案研究与比选

- 建设规模和产品方案研究与比选（2019年、2020年、2021年、2022年、2023年、2024年）
- 建设方案的绝对经济效果分析（2018年、2019年、2020年、2021年、2022年、2023年、2024年）
- 建设方案的相对经济效果分析（2018年、2020年、2021年、2022年、2023年、2024年）
- 场（厂）址及线路方案研究与比选（2018年、2019年、2020年、2021年、2022年、2023年、2024年）
- 总图运输方案研究与比选（2018年、2019年、2020年、2021年、2022年、2023年、2024年）
- 生产工艺技术及设备方案研究与比选（2018年、2020年、2021年、2022年、2023年）
- 土建工程方案研究与比选（2022年、2024年）
- 原材料与燃料供应方案的研究与比选（2020年、2023年）

二、专家剖析考点

1. 在建设规模和产品方案研究与比选这部分内容中，命题者青睐的考点是确定建设规模考虑的因素。

2. 建设方案的经济比选主要以考查计算为主，考试难度较大。这部分内容要在理解的基础上记忆。

3. 相关方案的经济比选中要掌握互斥方案比选方法，务必理解透彻。

4. 场（厂）址及线路方案研究与比选是考试的重点内容，连续出现在历年的考卷上，值得考生重点关注。

5. 总图运输方案研究与比选内容，其考查内容主要有两个：一是厂区总平面布置；二是厂区竖向布置。

6. 生产工艺技术及设备方案研究与比选是不容忽视的考点，理解记忆为上策。以考查综合题为主。

7. 建设方案及其比选方法的类型作为一般了解内容，无须重点关注。

8. 土建工程方案研究的基本要求应了解。

9. 建设方案研究与比选的作用和原材料与燃料供应方案的研究，这两个考点考生需要了解。

10. 建设方案的关系类型在考查时，一般是根据题干中方案间关系类型，判断关系组合数量。

考点1　建设规模和产品方案研究与比选

例： 关于项目建设规模研究的说法，正确的有（ABCDEFGHIJKL）。

    A. 衡量建设项目合理经济规模的指标有单位产品投资、单位产品成本、劳动生产效率及单位投资利润

    B. 合理经济规模可以使项目投入产出处于较优状态，可以获得最佳经济效益

    C. 确定建设项目规模时，应考虑市场容量与竞争力

    D. 市场对拟建项目的产品品种、规格和数量的需求直接影响拟建规模的确定

    E. 应考虑关联产品或副产品的受制因素对建设规模的影响

    F. 自然资源的可供量直接影响到建设方案的规模

    G. 确定建设规模要综合考虑采用技术、设备的满足性和适应性

    H. 生产技术与主要设备的制造水平与建设规模相关

    I. 确定建设规模的主要方法包括经验法、生存技术法、规模效果曲线法

    J. 考虑建设规模合理性的首要因素是项目建设规模是否符合国家和行业的产业政策、相关规划和准入条件

    K. 项目的建设规模应与其建设条件相适应、相匹配

    L. 研究建设规模时，应分析收益的合理性，最大限度地实现服务最佳化、费用最低化、效益最大化

🔊 考点点评

1. 首先应掌握建设规模的概念。可能会这样命题：项目在设定的正常生产运营年份达到的生产（服务）能力是（　　）。不同类型项目建设规模表述不同。

2. 衡量建设项目合理经济规模的指标还有可能以多项选择题形式考查。

3. 选项B可能会设置的干扰项为"合理经济规模可以使项目的利润总额达到行业最高"。

4. 选项I，确定建设规模的主要方法还有可能会以多项选择题形式考查。要特别关注规模效果曲线法。考试时会根据规模效果曲线示意图，判断盈亏平衡点、最佳建设规模点、规模经济区等。考生可根据历年真题学习、理解。

5. 产品方案的内容可能会这样命题：
产品方案包括产品品种、数量、规格、性质、质量标准和（　　）。

6. 产品方案研究与比选还可能会这样命题：
关于产品方案研究与比选的说法，正确的有（　　）。

考点2　建设方案的绝对经济效果分析

例1： 下列建设方案经济评价指标中，属于静态评价指标的有（ABCDEFGH）。

A. 总投资收益率	B. 资本金净利润率	C. 静态投资回收期
D. 流动比率	E. 利息备付率	F. 偿债备付率
G. 资产负债率	H. 速动比率	I. 动态投资回收期
J. 净现值	K. 净年值	L. 内部收益率

M. 净现值率   N. 费用现值   O. 费用年值

P. 效益费用比

题号	拓展同类必刷题	答案
1	下列建设方案经济评价指标中，属于动态评价指标的有（ ）。	IJKLMNOP
2	下列建设方案经济评价指标中，属于盈利能力静态评价指标的有（ ）。	ABC
3	下列建设方案经济评价指标中，属于偿债能力静态评价指标的有（ ）。	DEFGH
4	下列建设方案经济评价指标中，属于盈利能力动态评价指标的有（ ）。	IJKLMNOP
5	在指标计算时必须首先确定一个符合经济现实的基准收益率，该指标是（ ）。	J
6	使投资方案在计算期内各年净现金流量的现值累计等于零时的折现率为（ ）。	L
7	下列建设方案经济评价指标中，属于价值型指标的有（ ）。	JKNO
8	下列建设方案经济评价指标中，属于时间型指标的有（ ）。	CI
9	下列建设方案经济评价指标中，属于比率型指标的有（ ）。	ABDEFGHLMP
10	投资方案在达到设计生产能力后的一个正常年份的年息税前利润或年均息税前利润与方案总投资的比率称为（ ）。	A

例2：下列关于项目经济评价指标的说法，正确的有（ABCDEFGHIJKLMN）。

A. 投资回收期是反映投资方案实施以后回收初始投资并获取收益能力的重要指标

B. 静态投资回收期是在不考虑资金时间价值的条件下，以项目方案的净收益回收其总投资所需要的时间

C. 静态投资回收期小于或等于基准投资回收期时，方案可以考虑接受

D. 静态投资回收期在一定程度上反映了资本的周转速度

E. 静态投资回收期没有全面考虑方案在整个计算期内的现金流量

F. 静态投资回收期只能作为辅助评价指标，或与其他评价方法结合应用

G. 静态投资回收期只考虑了回收之前的经济效果

H. 净现值指标全面考虑了项目在整个计算期内的经济状况

I. 净现值能够直接以货币额表示项目的超额收益水平

J. 费用现值指标的计算不考虑方案的收益，需要考虑方案的投资和经营成本支出和方案资产的余值回收

K. 内部收益率指标能直接衡量项目未收回投资的收益率

L. 内部收益率指标不用事先确定一个基准收益率

M. 随着折现率的逐渐增大，净现值将由大变小

N. 内部收益率大于基准收益率时，投资方案可行

🔊 **考点点评**

1. 净现值与内部收益指标评价建设方案经济效果的共同特点是均考虑资金的时间价值。

2. 选项F可能会设置的干扰选项：静态投资回收期可以单独用来评价方案是否可行。

3. 选项M可能会设置的干扰选项：基准收益率越大，财务净现值越大。

4. 选项N可能会设置的干扰选项：内部收益率大于基准收益率时，投资方案不可行。

5. 针对上述内容，还有可能考查静态投资回收期、净现值及内部收益率的计算，动态投资回收期的计算一般不会考。比如：

已知某项目的净现金流量见下表。若 $i=10\%$，则该项目的净现值和静态投资回收期分别为（A）。

某项目的净现金流量

年份	0	1	2	3	4	5
净现金流量/万元	−250	100	100	100	100	100

A. 129.08 万元，2.5 年
B. 129.08 万元，2.3 年
C. 151.73 万元，2.5 年
D. 151.73 万元，2.3 年

【分析】净现值的计算：

根据公式 $NPV = \sum_{t=0}^{n}(CI - CO)_t(1+i_c)^{-t}$ 可得，-250 万元 $+100$ 万元 $\times(1+10\%)^{-1}+100$ 万元 $\times(1+10\%)^{-2}+100$ 万元 $\times(1+10\%)^{-3}+100$ 万元 $\times(1+10\%)^{-4}+100$ 万元 $\times(1+10\%)^{-5}=129.08$ 万元。

静态投资回收期的计算，有以下两种方法：

(1) 根据上表可得：

年份	0	1	2	3	4	5
净现金流量/万元	−250	100	100	100	100	100
累计净现金流量/万元	−250	−150	−50	50	150	250

静态投资回收期 $=(3-1)$ 年 $+\dfrac{|-50|}{100}$ 年 $=2.5$ 年。

(2) 该项目只有初始投资 I，且计算期内各年的净现金流量 A 保持不变，则静态投资回收期 $=\dfrac{I}{A}=\dfrac{250}{100}$ 年 $=2.5$ 年。

考点 3　建设方案的相对经济效果分析

例 1： A_1、A_2、B_1、B_2、B_3、C_1、C_2 共 7 个方案中，A_1、A_2 为互斥，B_1、B_2、B_3 之间是互斥，且 B_1、B_2、B_3 从属于 A_1，C_1 与 C_2 互斥，且 C_1 与 C_2 从属于 A_2，则这些方案可以构成的互斥方案组合数为 （B） 种。

A. 7
B. 8
C. 9
D. 10

🔊 **考点点评**

1. 方案间的关系包括独立型、互斥型、互补型、相关型、从属型和混合型。掌握这几种关系的含义，要注意从属关系。

在多个备选方案中，某个方案 Y 是否被接受取决于另外一个方案 X 是否被采纳，但即便是方案 X 被采纳，方案 Y 依旧可能不被接受。会有几种情形：①方案 X 不采用，方案 Y 肯定被拒绝；②采用方案 X，方案 Y 被接受；③采用方案 X，方案 Y 被拒绝。此时方案 X 和方案 Y 之间是从属关系，方案 Y 从属于方案 X。

2. 上述例题中的互斥方案组合见下表：

A_1	A_2	B_1	B_2	B_3	C_1	C_2	互斥方案组合
0	0	0	0	0	0	0	无
1	0	0	0	0	0	0	A_1
1	0	1	0	0	0	0	A_1B_1
1	0	0	1	0	0	0	A_1B_2
1	0	0	0	1	0	0	A_1B_3
0	1	0	0	0	0	0	A_2
0	1	0	0	0	1	0	A_2C_1
0	1	0	0	0	0	1	A_2C_2

共有 8 个互斥方案组合。

例 2： 某企业现有甲、乙、丙、丁 4 个互斥方案，其现金流量见下表。基准收益率为 10%，方案寿命期均为 5 年，如采用净现值法则相对较优的选择是（B）。

方案	初始投资/万元	各年净现金流量/万元
甲	200	80
乙	250	100
丙	350	120
丁	400	130

注：$(P/A, 10\%, 5) = 3.791$；$(A/P, 10\%, 5) = 0.264$。

A. 甲　　　　　　　B. 乙　　　　　　　C. 丙　　　　　　　D. 丁

1. 采用净现值指标计算：

$NPV_{甲} = -200$ 万元 $+ 80$ 万元 $\times (P/A, 10\%, 5) = 103.28$ 万元

$NPV_{乙} = -250$ 万元 $+ 100$ 万元 $\times (P/A, 10\%, 5) = 129.10$ 万元

$NPV_{丙} = -350$ 万元 $+ 120$ 万元 $\times (P/A, 10\%, 5) = 104.92$ 万元

$NPV_{丁} = -400$ 万元 $+ 130$ 万元 $\times (P/A, 10\%, 5) = 92.83$ 万元

因 $NPV_{乙} > NPV_{丙} > NPV_{甲} > NPV_{丁} > 0$，所以乙方案为最优方案。

2. 本题若采用净年值指标计算，计算过程是这样的：

$NAV_{甲} = NPV_{甲}(A/P, 10\%, 5) = 103.28$ 万元 $\times 0.264 = 27.27$ 万元

$NAV_{乙} = NPV_{乙}(A/P, 10\%, 5) = 129.10$ 万元 $\times 0.264 = 34.08$ 万元

$NAV_{丙} = NPV_{丙}(A/P, 10\%, 5) = 104.92$ 万元 $\times 0.264 = 27.70$ 万元

$NAV_{丁} = NPV_{丁}(A/P, 10\%, 5) = 92.83$ 万元 $\times 0.264 = 24.51$ 万元

因 $NAV_{乙} > NAV_{丙} > NAV_{甲} > NAV_{丁} > 0$，所以乙方案为最优方案。

由此可以看出，净年值指标与净现值指标得到的结论是一致的。

3. 在互斥方案比选时，可以采用评价指标直接对比法，所使用的指标有净现值、费用现值、净年值、费用年值、年折算费用和年综合总费用等价值型指标。

4. 采用年折算费用法和年综合总费用法均应选择费用最小的方案为最优方案。年折算费用法的计算公式为：

$$第\ j\ 个方案的年折算费用 = \frac{第\ j\ 个方案的总投资}{基准投资回收期} + 第\ j\ 个方案的年经营成本$$

年综合总费用法的计算公式为：

$$第\ j\ 个方案的年综合总费用 = 第\ j\ 个方案的总投资 + 基准投资回收期 \times$$
$$第\ j\ 个方案的年经营成本$$

例3：甲、乙两个方案的计算期相同，甲方案投资为 7000 万元，年经营成本为 10000 万元，乙方案投资为 5000 万元，年经营成本为 11000 万元。方案同时投入使用，效益相同，若基准投资收益率为 20%，运用增量投资收益率选择较优的方案为（A）。

A. 甲   B. 乙
C. 无法比较   D. 二者一样

题号	拓展同类必刷题	答案
1	若上述条件不变，基准投资回收期为 3 年，运用增量投资回收期法选择较优的方案为（　）。	A

1. 增量投资收益率计算公式为：

$$增量投资收益率 =$$
$$\frac{方案\ 1\ 的经营成本 - 方案\ 2\ 的经营成本}{投资额大的方案（设为方案\ 2）的投资额 - 投资额小的方案（设为方案\ 1）的投资额} \times 100\%$$

$$\Delta R_{2-1} = \frac{(11000 - 10000)\ 万元}{(7000 - 5000)\ 万元} \times 100\% = 50\% > 20\%，因此甲方案为最优方案。$$

2. 增量投资回收期法的计算公式为：

$$增量投资回收期 =$$
$$\frac{投资额大的方案（设为方案\ 2）的投资额 - 投资额小的方案（设为方案\ 1）的投资额}{方案\ 1\ 的经营成本 - 方案\ 2\ 的经营成本}$$

$$\Delta P_{t,2-1} = \frac{7000 - 5000}{11000 - 10000}\ 年 = 2\ 年 < 3\ 年，因此甲方案为最优方案。$$

3. 采用增量指标分析法的基本计算步骤为：

（1）首先将方案按照投资额从小到大的顺序进行排列。

（2）将满足指标评判准则要求的投资额较小的方案（临时最优方案），作为整个方案序列计算的基础。

（3）计算相邻两个方案的增量现金流量的评价指标，如果满足评判准则的要求，那么投资较大的方案优于投资较小的方案，投资额较小的方案被淘汰；如果不满足评判准则的要求，则投资较小的方案优于投资较大的方案，投资较大的方案被淘汰。以确定的较优方案为基础方案，重复计算步骤，直到所有方案都计算完毕。

（4）通过筛选的方案即为最优方案。

考点4 场（厂）址及线路方案研究与比选

例1：项目选址考虑的因素主要有（ABCDEFG）。

A. 自然因素   B. 交通运输因素

C. 市场因素   D. 劳动力因素

E. 社会和政策因素   F. 人文条件因素

G. 集聚效应因素

🔊 **考点点评**

1. 在这个考点中，集聚效应一定要理解。集聚效应能带来资源共享，节约建设投资，缩短建设周期。

2. 自然因素包括自然条件因素和自然资源因素。在考试时，可能会给出一些环境因素，判断属于哪一类。

例2：关于建设项目场（厂）址选择的说法，正确的有（ABCDEFGHIJ）。

A. 应充分利用荒地、劣地，不占基本农田或尽量少占基本农田

B. 有可供选择利用的工业固体废弃物存放场地、污水排放口及纳污水体或收纳处置污水的场所

C. 有丰富可靠（或靠近）的原料供应市场和产品销售市场，减少运输环节

D. 有充足的水源和电源

E. 有便利的外部交通运输条件和交通联结条件

F. 有利于生产协作和上下游加工一体化

G. 有可依托的基础设施和方便的生活服务设施

H. 有良好的工程地质、水文地质、气象、防洪、防涝、防潮、防台风、防地质灾害、防震等条件

I. 应符合城市（乡、镇）总体规划、土地利用总体规划、工业园区总体规划、环境保护规划的要求

J. 危险废物填埋场场址必须位于100年一遇的洪水标高线以上

🔊 **考点点评**

1. 选项A~I为场（厂）址方案选择的基本要求。

2. 注意J选项，一般工业固体废物储存场和填埋场的防洪标准按重现期不小于50年一遇的洪水位设计。

3. 对于特殊项目场（厂）址方案选择主要掌握以下几个采分点：

（1）一般工业固体废物的储存场和填埋场的分类：Ⅰ类场和Ⅱ类场。

（2）不相容的一般工业固体废物：应设置不同的分区进行储存和填埋作业。

（3）危险废物填埋场场址不得选择的区域应掌握，可能会考查多项选择题。

例3：投资项目场（厂）址比选的主要内容包括（ABCDE）。

A. 建设条件比较   B. 投资费用比较

C. 运营费用比较   D. 环境保护条件比较

E. 场（厂）址的安全条件比较   F. 施工条件比较

G. 生活条件比较

🔊 **考点点评**

1. 选项F、G是可能会设置的干扰选项。建设条件包括地理位置、土地资源、地势、地质、土石方工程量、动力供应、资源及燃料供应、交通运输、生活设施及协作条件。可能会命题的形式是"投资项目场（厂）址比选的建设条件包括（   ）"。

　　2. 环境保护条件包括场（厂）址位置与城镇规划、风向、公众利益的关系。可能会命题的形式是"投资项目场（厂）址比选的环境保护条件包括（　　）"。

考点5　总图运输方案研究与比选

例1：关于总图运输方案研究的说法，正确的有（ABCDEFGHIJKLMN）。

　　A. 总体布置应符合城镇总体规划、工业园区布局规划

　　B. 在符合生产流程、操作要求和使用功能的前提下，建筑物、构筑物等设施应联合多层布置

　　C. 厂区总平面按功能分区集中布置

　　D. 近期工程应集中、紧凑、合理布置，并与远期工程合理衔接

　　E. 预留发展用地内，不得修建永久性建筑物、构筑物等设施

　　F. 避免过多过早占用土地，避免多征少用、早征迟用

　　G. 总平面布置应结合当地气象条件，使建筑物具有良好的朝向、采光和自然通风条件

　　H. 总平面布置要与厂外铁路、道路衔接点、码头的位置相适应

　　I. 应合理确定厂区通道宽度

　　J. 竖向布置应满足生产工艺、场内外运输装卸、管道敷设对坡向、坡度、高程的要求

　　K. 选择相适应的竖向布置形式，避免深挖高填，力求减少土石方工程量

　　L. 竖向布置应保证场地排水通畅，不受潮水、内涝、洪水的威胁

　　M. 道路布置应尽量避免或减少与铁路的交叉，使主要人流、物流路线短捷，运输安全，工程量小

　　N. 厂区道路应尽可能与主要建筑物平行布置

🔊 **考点点评**

　　1. 本考点在考试时，一般会有两种考查方式：

　　(1) 关于总图运输方案研究说法的综合表述题目。

　　(2) 判断备选项中各项工作内容是属于厂区总平面布置工作还是厂区竖向布置工作。

　　2. 了解什么是厂区总平面布置和厂区竖向布置。

例2：根据《工业项目建设用地控制指标》，工业项目建设用地控制指标包括（ABCDEF）。

　　A. 投资强度　　　　　　　　B. 容积率　　　　　　　C. 建筑系数

　　D. 行政办公及生活服务设施用地所占比重　　E. 土地产出率　　　F. 土地税收

🔊 **考点点评**

　　1. 有关总图运输方案的技术经济指标，历年主要以计算题形式考查。可能会考查的题目有：

　　(1) 某厂区设计方案中，厂区占地面积为 80000m²。其中：建筑物与构筑物总占地面积 30000m²，露天堆场占地面积 6000m²，道路和广场占地面积 24000m²，其他占地面积 20000m²。经计算，该项目的建筑系数是（C）。

　　A. 30%　　　　　　　B. 37.5%　　　　　　C. 45%　　　　　　D. 75%

　　【分析】直接套用公式，注意是建筑物、构筑物、堆场占地面积总和占总用地面积的比例，不包括道路和广场占地面积。该项目的建筑系数 = (30000 + 6000)m²/80000m² × 100% = 45%。此外，还可能会根据建筑系数求取建筑物的占地面积。

（2）某投资项目建设投资 2 亿元，总用地面积 50000m²，其中行政办公、生活服务设施用地面积 3000m²，占比是（B）。

A. 0.17%　　　　　B. 6.00%　　　　　C. 17.00%　　　　　D. 60.00%

【分析】占比是行政办公、生活服务设施占用土地面积占总用地面积的比例。即 3000m²/50000m²×100% =6%。

2. 总图运输方案的技术经济指标还可能以判断正确与错误说法的综合题目考查。相关的知识点如下：

（1）所需行政办公及生活服务设施用地面积≤工业项目总用地面积的 7%。

（2）工业项目用地范围内不得建造花园式工厂。

（3）计算容积率时，如果建筑物层高超过 8m，该层建筑面积加倍计算。

考点6　生产工艺技术及设备方案研究与比选

例 1： 适用性原则是选择生产工艺技术应遵循的原则之一，主要体现在（GHIJK）等方面。

A. 产品性能好

B. 产品使用寿命长

C. 单位产品物耗能耗低

D. 劳动生产率高

E. 自动化水平高

F. 平稳运行周期长

G. 与项目的生产规模相匹配

H. 与原材料路线、辅助材料和燃料相匹配

I. 与设备和自动化及智能化相匹配

J. 与资源条件、环保要求、经济发展水平相适用

K. 与员工素质和管理水平相适应

L. 可以生产出合格的产品

M. 可以实现项目设定的目标

N. 消耗少、投资小、成本低、利润高

题号	拓展同类必刷题	答案
1	先进性原则是选择生产工艺技术应遵循的原则之一，主要体现在（　　）等方面。	ABCDEF
2	可靠性原则是选择生产工艺技术应遵循的原则之一，主要体现在（　　）等方面。	LM
3	经济合理性原则是选择生产工艺技术应遵循的原则之一，主要体现在（　　）。	N

生产工艺技术选择考虑的主要因素：先进性、适用性、安全性、可靠性、经济合理性、符合清洁生产工艺要求。

例 2： 关于生产工艺技术方案比选的说法，正确的有（ABCDEFGHI）。

A. 对国内有工业化业绩，技术先进、可靠、成熟的应优先选择

B. 工艺技术方案比选的内容包括技术特点、原料适应性、工艺流程、关键设备结构及性能

C. 对选定的工艺技术方案要说明工艺技术的名称、技术特征、选用的理由

D. 需要引进技术的，要说明引进技术国别和厂商

E. 工艺技术方案比选通常采用定性分析和定量分析相结合的方法进行

F. 可利用单位产品成本、单位产品投资、技术使用权费用等指标进行经济分析

G. 需要对比的技术指标有产品质量

H. 全厂性项目，要进行生产单元及规模、生产单元组成布置分析

I. 技术改造项目，要对现工艺流程和被选工艺流程进行比较说明

🔊 **考点点评**

1. 上述知识点在考试时常考题型是判断正确与错误说法的综合题目。工艺技术方案比选的内容除选项 B 内容外，还包括产品物耗和能耗、控制水平、操作弹性、操作稳定性、本质安全和环保、配套条件、建设费用和运营费用、效益。

2. 工艺技术方案来源分类应熟悉。

3. 注意区分进行工艺技术方案比选的技术分析指标和经济分析指标。

例3：关于技术设备方案比选的说法，正确的有（ABCDEFGHIJ）。

A. 选用技术设备要进行设备软件和硬件在内的专有技术和专利技术比较

B. 对利用和改造原有设备的技术改造项目，应提出各种对原有设备改造方案，并分析各方案的效果

C. 选用技术设备要考虑工艺技术方案与建设规模的适应度

D. 对国内外都有的市场化设备可采用公开招标方式采购

E. 国内尚无制造业绩的某些关键设备，可采用引进技术、合作制造方式采购

F. 尚无制造业绩的新设备，通过技术论证后批量制造使用

G. 国内有成熟制造经验且有应用业绩的设备由国内采购

H. 在考虑设备引进时，要研究工艺上使用的成熟可靠性

I. 在考虑设备引进时，要研究技术上的先进性和稳定性

J. 设备选用应考虑管理与操作的适应性

🔊 **考点点评**

1. 选项 A 可能会设置的干扰选项：选用技术设备只需要进行设备硬件的比较。

2. 选项 E 可能会设置的干扰选项：国内尚无制造业绩的某些关键设备，采用全套方式引进。

考点7　土建工程方案研究与比选

例1：关于土建工程方案研究基本要求的说法，正确的有（ABCDEF）。

A. 应满足生产使用功能要求

B. 分期建设的项目，应留有适当的发展余地

C. 在已选定的场址（线路走向）的范围内，合理布置建筑物、构筑物

D. 应符合政府部门或者专门机构发布的技术标准规范要求，确保工程质量

E. 工程方案在满足使用功能、确保质量前提下，力求降低造价，节约建设资金

F. 技术改造项目的工程方案，应合理利用现有场地、设施，力求新增的设施与原有设施相协调

🔊 **考点点评**

1. 土建工程方案研究的基本要求一般考查判断正确与错误说法的综合题目。

2. 土建工程方案研究的内容可能有以下命题方式：

（1）一般工业项目的工程方案主要研究（　　）。

（2）水利水电项目的工程方案主要包括（　　）。

（3）水利水电枢纽和水库工程主要研究（　　）。

例2： 根据《地震安全性评价管理条例》（2019年修正本）（国务院令第709号）的规定，必须进行地震安全性评价的建设工程包括（ABCDE）。

　　A. 国家重大建设工程

　　B. 受地震破坏后可能引发水灾、火灾、爆炸、剧毒或者强腐蚀性物质大量泄漏的建设工程

　　C. 水库大坝、堤防和储油、储气，储存易燃易爆、剧毒或者强腐蚀性物质的设施以及其他可能发生严重次生灾害的建设工程

　　D. 受地震破坏后可能引发放射性污染的核电站和核设施建设工程

　　E. 省、自治区、直辖市认为对本行政区域有重大价值或者有重大影响的其他建设工程

🔊 **考点点评**

　　1. 地震安全性评价报告审定部门：国务院地震工作主管部门或者省、自治区、直辖市人民政府负责管理地震工作的部门或者机构。

　　2. 国务院地震工作主管部门负责审定的工程：国家重大建设工程；跨省、自治区、直辖市行政区域的建设工程；核电站和核设施建设工程。

　　3. 掌握地震安全性评价报告的内容，会考查多项选择题。

考点8　原材料与燃料供应方案的研究与比选

例： 关于原材料与燃料供应方案研究与比选的说法，正确的有（ABCDEFG）。

　　A. 应研究确定所需原材料的品种、质量、性能

　　B. 以各种物料的经常储备量、保险储备量、季节储备量和总储备量为生产物流方案研究的依据

　　C. 外购原料的项目，应对原料供应和价格进行预测，并分析各种供应方案

　　D. 由内部供应的项目，应计算说明有关生产单位之间的物料平衡

　　E. 对稀缺的原料应分析原料来源的可靠性、安全性和风险

　　F. 对工艺有特殊要求的辅助材料和燃料，必须分析论证其品种、质量和性能是否满足工艺生产要求

　　G. 主要原材料和燃料的供应方案应通过多方案比较确定

🔊 **考点点评**

　　选项E中，原材料来源的可靠性、安全性和风险包括原材料市场价格的变化、数量与质量的变化、运输供应的经济合理性以及运输安全便捷性分析。

四、本章真题实训

1.【2024年真题】某工业项目，总建筑面积120000m²，项目总用地中，建筑物占地面积为50000m²，其中行政办公、生活服务设施用地12500m²，构筑物25000m²，堆场占地面积25000m²。该项目行政办公、生活服务设施用地占项目总用地面积的比例为6.25%，该项目对应的容积率约为（　　）。

　　A. 0.50　　　　　　　B. 0.55　　　　　　　C. 0.60　　　　　　　D. 0.63

2.【2024年真题】某投资方案的现金流量见下表。该方案的静态投资回收期约为（　　）年。

年份	0	1	2	3	4	5	6	7	8
现金流入/亿元	0	0	4.0	4.0	5.0	5.5	6.6	6.8	7.2
现金流出/亿元	10.0	1.0	2.5	2.5	3.2	3.5	4.4	4.5	4.5

A. 6.13   B. 6.87   C. 6.96   D. 7.87

3. 【2024年真题】某投资方案的净现金流量见下表，不考虑税收等其他因素影响，若基准收益率为10%，则该项目的净现值约为（ ）万元。

年份	1	2	3	4	5	6	7	8	9
现金流入/万元	0	120	120	120	180	180	180	180	180
现金流出/万元	450	50	50	50	60	60	60	60	60

A. 29   B. 60   C. 66   D. 94

4. 【2024年真题】现有 A、B、C、D、E 五个方案，A 方案和 B 方案是独立型关系，C 方案和 D 方案是独立型关系，C、D 两方案均从属于 A 方案，E 方案从属于 D 方案，这些方案一共可以形成的互斥方案组合为（ ）个。

A. 12   B. 14   C. 16   D. 18

5. 【2024年真题】某咨询单位提出来甲、乙、丙、丁四个备选的互斥方案，基准收益率取 12% 时计算结果见下表，对其排序的结果及其理由，说法正确的是（ ）。

方案	初期投资/万元	净现值（NPV）/万元	投资回收期/年
甲	420	28.8	3.82
乙	560	50.6	3.78
丙	670	−10.9	4.19
丁	850	12.0	4.05

A. 最优方案是乙，因其投资回收期最短

B. 采用增量内部收益率评价时，最优方案是丙

C. 采用增量效益费用比评价时，最优方案是丁

D. 与乙方案比，甲是无资格方案

6. 【2023年真题】某投资项目的现金流量见下表（不考虑税收影响），该投资项目包含建设期的静态投资回收期为（ ）年。

年份	0	1	2	3	4	5	6	7
现金流入/万元	—	—	130	260	450	480	500	550
现金流出/万元	560	270	80	150	220	230	240	250

A. 5.27   B. 5.73   C. 5.76   D. 5.83

7. 【2023年真题】四个互斥方案甲、乙、丙、丁的投资效果相同，各方案总投资及年经营成本见下表。若不考虑税收影响，基准投资回收期为 6 年，采用年折算费用法确定的首选方案为（ ）。

方案	甲	乙	丙	丁
总投资/万元	1300	1500	1600	1900
年经营成本/万元	318	277	265	220

A. 方案甲   B. 方案乙   C. 方案丙   D. 方案丁

8. 【2023年真题】为解决项目某个环节出现的问题，咨询机构提出了两个互斥的备选方案 A

和 B，计算期均为 6 年，各年的净现金流量见下表。若不考虑税收影响，关于两个方案经济比选结果的说法，正确的是（   ）。

年份	0	1	2	3	4	5	6
方案 A 净现金流量/万元	-800	150	200	230	260	260	260
方案 B 净现金流量/万元	-1050	210	220	260	300	300	300

A. 当基准收益率为 10% 时，方案 B 优于方案 A

B. 当基准收益率为 12% 时，方案 A 优于方案 B

C. 当基准收益率为 15% 时，方案 A 和方案 B 均不能满足要求

D. 若基准投资回收期为 5 年，采用增量投资回收期评价，方案 B 优于方案 A

9.【2023 年真题】下表按投资额从小到大的顺序列出了需要比选的 6 个互斥方案，并给出了每一个方案的 IRR 和方案间的 ΔIRR。各方案的寿命期均相同。若基准收益率为 10%，且无资金约束，则首选方案是（   ）。

方案	IRR	各方案间的 ΔIRR（行所对应的方案相对于列所对应的方案的增量指标）				
		A	B	C	D	E
A	5%					
B	8%	21%				
C	11%	15%	12%			
D	15%	22%	19%	17%		
E	13%	19%	16%	15%	9%	
F	14%	21%	18%	16%	14%	21%

A. 方案 C   B. 方案 D   C. 方案 E   D. 方案 F

10.【2022 年真题】某项目计算期 6 年，第 1 年为建设期，当年投资 1100 万元，第 2 年到第 6 年为项目运营期，其中第 2 年和第 3 年的净现金流量均为 300 万元，第 4 年到第 6 年的净现金流量均为 350 万元。若上述各项数据均按年末发生计，不考虑税金的影响，基准收益率取 8%，则该投资项目的净现值约为（   ）万元。

A. 211.38   B. 192.86   C. 178.57   D. 111.38

11.【2022 年真题】某项目计算期 6 年，第 1 年投资 500 万元，第 2 年和第 3 年每年支出运营成本 150 万元，第 4 年到第 6 年每年支出运营成本 200 万元，第 6 年有 30 万元的资产余值回收，上述各项数据均按年末发生计。若基准收益率为 10%，则该项目的费用年值约为（   ）万元。

A. 240.62   B. 244.51   C. 254.24   D. 264.68

12.【2022 年真题】下表按投资额从小到大的顺序列出了需要比选的 5 个互斥方案组合，各方案组合的计算期均相同。若基准收益率为 12%，则被推荐的方案组合是（   ）。

方案组合	IRR	ΔIRR（行所对应的方案组合相对列所对应方案组合的增量指标）				
		A	B	C	D	E
A	22.5%	—	—	—	—	—
B	18.3%	13%	—	—	—	—
C	17.4%	13%	14%	—	—	—
D	16.1%	13%	13%	12%	—	—
E	14.4%	11%	11%	12%	11%	—

A. 方案组合 B   B. 方案组合 C

C. 方案组合 D   D. 方案组合 E

13. 【2022 年真题】采用万加特纳整数规划法进行方案比选时，若方案 A、B、C 是互斥型关系，初始投资额方案 A 最大，C 最小，则三个方案的决策变量 x_A、x_B、x_C 的关系表达正确的是（   ）。

A. $x_A > x_B > x_C$ B. $x_A = x_B = x_C$

C. $x_A + x_B + x_C = 1$ D. $0 \leq x_A + x_B + x_C \leq 1$

14. 【2021 年真题】某项目有 A、B、C、D、E、F 共 6 个备选方案，A 方案、B 方案间是互斥关系，C 方案和 D 方案间是互斥关系，且 C 方案和 D 方案都从属于 A 方案，E 方案从属于 C 方案，F 方案与 B 方案是互补关系。这 6 个备选方案可以形成互斥方案组合的数量是（   ）个。

A. 5   B. 6   C. 7   D. 8

15. 【2021 年真题】某项目计算期 6 年，第 1 年投资 500 万元，第 2 年和第 3 年每年支出经营成本 150 万元，第 4 年至第 6 年每年支出经营成本 200 万元，第 6 年回收 30 万元的资产余值，上述各项数据均按年末发生计。若基准收益率为 10%，则该项目的费用现值为（   ）万元。

A. 953   B. 1048   C. 1107   D. 1152

16. 【2020 年真题】两个互斥方案的计算期和效益均相同，方案 1 投资为 12000 万元，年经营成本为 8000 万元，方案 2 投资为 6000 万元，年经营成本为 5000 万元。若基准投资收益率为 20%，基准投资回收期为 3 年，则下列结论中，正确的是（   ）。

A. 基于增量投资回收期和增量投资收益率均可判定方案 1 优于方案 2

B. 基于增量投资回收期和增量投资收益率均可判定方案 2 优于方案 1

C. 基于增量投资收益率可判定方案 1 优于方案 2，基于增量投资回收期的结论相反

D. 基于增量投资回收期可判定方案 1 优于方案 2，基于增量投资收益率的结论相反

17. 【2020 年真题】某项目总投资 1700 万元（其中，项目资本金 700 万元，贷款 1000 万元），运营期内的平均年利润总额为 260 万元，运营期内每年支付贷款利息 12 万元，所得税税率 25%，以上投资均含税，则该项目的资本金净利润率为（   ）。

A. 26.57%   B. 27.86%   C. 37.14%   D. 38.86%

18. 【2024 年真题】根据《危险废物填埋污染控制标准》（GB 18598—2019），关于危险废物填埋场场址选择的说法，正确的有（   ）。

A. 场区的区域稳定性和岩土体稳定性良好，渗透性低，没有泉水出露，刚性填埋场除外

B. 填埋场选址的标高应位于重现期不小于 50 年一遇的洪水位之上

C. 填埋场防渗结构底部应与地下水位有记录以来的最高水位保持 3m 以上的距离

D. 刚性填埋场场址应排除高压缩性淤泥、泥炭及软土区域

E. 柔性填埋场场址应采用双人工复合衬层作为防渗层的填埋处置设施

19. 【2023 年真题】关于总图运输方案的说法，正确的有（   ）。

A. 厂区内道路的等级应根据项目所在地道路规划的要求确定

B. 厂区内通道的宽度应依据企业规模、通道性质等综合确定

C. 厂区内的建筑物、构筑物等设施均应联合多层布置

D. 厂区内可预留近期发展所需的建设用地

E. 厂区内的道路不应采用尽头式道路

20. 【2023 年真题】为实现发展目标，咨询工程师初选了 A_1、A_2、A_3、A_4、A_5、A_6、A_7 共 7 个方案，其中 A_1、A_2 和 A_3 之间是互斥型关系，A_4、A_5 之间是互斥型关系，但与 A_1、A_2、A_3 之间是独立型关系，A_6、A_7 之间是互斥型关系，A_6 从属于 A_2，A_7 与 A_3 之间是互

补型关系。若这7个方案对应的决策变量分别为 x_1、x_2、x_3、x_4、x_5、x_6、x_7，下列表达式中，对上述方案关系描述正确的有（　　）。

A. $x_2 + x_3 < 1$　　　B. $x_5 + x_6 = 1$　　　C. $x_1 + x_4 \geqslant 0$　　　D. $x_2 \geqslant x_6$

E. $x_3 + x_7 > 1$

21.【2022年真题】关于下图中规模效果曲线的说法，正确的有（　　）。

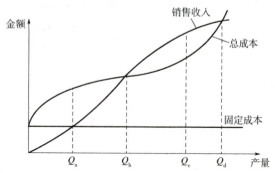

A. Q_b 是最佳建设规模点
B. Q_b 的确定难度比 Q_d 小
C. Q_a 和 Q_d 是盈亏平衡点
D. Q_c 的边际收入等于边际成本
E. Q_b 到 Q_d 的区域是规模经济区

22.【2022年真题】关于投资方案经济比选指标的说法，正确的有（　　）。

A. 资本金净利润率是用于投资方案融资前分析的静态指标
B. 内部收益率指标是投资方案占用的尚未回收资金的获利能力
C. 净现值可以全面反映投资方案计算期内的经济效益
D. 总投资收益率是从融资前的角度评价投资方案盈利性的静态指标
E. 投资回收期可直接用于互斥方案组合的比选

23.【2021年真题】关于场（厂）址方案选择基本要求的说法，正确的有（　　）。

A. 优先考虑从零开始建设的基础设施和生活服务设施的建设场地
B. 有良好的工程地质、水文地质、气象、防洪防涝等条件
C. 拥有（或靠近）丰富可靠的原料供应市场和产品销售市场
D. 重视节约用地和合理用地，优先利用包括农用地在内的闲置土地
E. 有可供选择利用的工业固体废弃物存放场地，有建设单位指定的危险废弃物处置场所

24.【2020年真题】现有A、B、C、D、E、F、G共7个投资方案，其中，方案A、方案B、方案C之间是互斥关系，方案D从属于方案B，方案E和方案D是互补关系，方案F和方案G之间是独立关系，且方案F和方案G均从属于方案C。根据万加特纳整数规划法，下面列出的对应各方案的决策变量 X_A、X_B、X_C、X_D、X_E、X_F、X_G 之间关系的表达式，正确的有（　　）。

A. $X_A + X_B + X_C = 1$　　　　　　B. $X_B \geqslant X_D$

C. $X_D = X_E$　　　　　　　　　　　D. $X_C \geqslant X_F$

E. $X_F + X_G > 1$

五、本章真题实训答案及解析

1. C。$12500\text{m}^2/$项目总用地面积 $= 6.25\%$，项目总用地面积 $= 12500\text{m}^2/6.25\% = 200000\text{m}^2$，容积率 $=$ 总建筑面积/项目总用地面积 $= 120000\text{m}^2/200000\text{m}^2 = 0.60$。

2. B。累计净现金流量见下表。

年份	0	1	2	3	4	5	6	7	8
现金流入/亿元	0	0	4.0	4.0	5.0	5.5	6.6	6.8	7.2
现金流出/亿元	10.0	1.0	2.5	2.5	3.2	3.5	4.4	4.5	4.5
净现金流量/亿元	−10.0	−1.0	1.5	1.5	1.8	2.0	2.2	2.3	2.7
累计净现金流量/亿元	−10.0	−11.0	−9.5	−8.0	−6.2	−4.2	−2.0	0.3	3

该方案的静态投资回收期 $= (7-1)$ 年 $+ \dfrac{|-2.0|}{2.3}$ 年 $= 6.87$ 年。

3. B。净现金流量见下表。

年份	1	2	3	4	5	6	7	8	9
现金流入/万元	0	120	120	120	180	180	180	180	180
现金流出/万元	450	50	50	50	60	60	60	60	60
净现金流出/万元	−450	70	70	70	120	120	120	120	120

项目的净现值 $= -450$ 万元 $/(1+10\%) + 70$ 万元 $/(1+10\%)^2 + 70$ 万元 $/(1+10\%)^3 + 70$ 万元 $/(1+10\%)^4 + 120$ 万元 $/(1+10\%)^5 + 120$ 万元 $/(1+10\%)^6 + 120$ 万元 $/(1+10\%)^7 + 120$ 万元 $/(1+10\%)^8 + 120$ 万元 $/(1+10\%)^9 \approx 60$ 万元。

4. B。互斥组合方案见下表。

序号	A	B	C	D	E	互斥方案组合
1	0	0	0	0	0	无
2	1	0	0	0	0	A
3	1	0	1	0	0	AC
4	1	0	0	1	0	AD
5	1	0	1	1	0	ACD
6	1	0	0	1	1	ADE
7	1	0	1	1	1	ACDE
8	1	1	1	1	1	ABCDE
9	0	1	0	0	0	B
10	1	1	0	0	0	AB
11	1	1	1	0	0	ABC
12	1	1	0	1	0	ABD
13	1	1	0	1	1	ABDE
14	1	1	1	1	0	ABCD

从上表可知，共 14 种方案。

5. D。选项 A，投资回收期不可直接用于互斥型方案比选。选项 B，方案丙的净现值小于 0，不是最优方案。选项 C，无法了解收益。选项 D，$NPV_乙 > NPV_甲 > 0$，所以乙方案优于甲方案。

6. B。此项目累计净现金流量见下表。

年份	0	1	2	3	4	5	6	7
累计净现金流量/万元	−560	−830	−780	−670	−440	−190	70	370

由上表可知，累计净现金流量出现正值的年份为第6年。静态投资回收期 $P_t = ($ 累计净现金流量出现正值的年份数 $-1) +$ 上一年累计净现金流量的绝对值/出现正值年份的净现金流量，因此静态投资回收期 $P_t = [(6-1) + |-190|/(500-240)]$ 年 $= 5.73$ 年。

7. B。年折算费用法的计算公式为：$Z_j = I_j/P_c + C_j$，其中，Z_j 表示第 j 个方案的年折算费用，I_j 表示第 j 个方案的总投资，P_c 表示基准投资回收期，C_j 表示第 j 个方案的年经营成本。由题意可知，甲方案的年折算费 $=(1300/6 + 318)$ 万元 ≈ 534.67 万元，乙方案的年折算费 $=(1500/6 + 277)$ 万元 $= 527$ 万元，丙方案的年折算费 $=(1600/6 + 265)$ 万元 ≈ 531.67 万元，丁方案的年折算费 $=(1900/6 + 220)$ 万元 ≈ 536.67 万元，即年折算费：丁方案 > 甲方案 > 丙方案 > 乙方案，年折算费最小的方案为最优方案，因此，乙方案是首选方案。

8. B。当基准收益率分别为 10%、12%、15% 时，其比选结果见下表。

基准收益率	方案A	方案B
10%	$NPV_A = (-800 + 150/1.1 + 200/1.1^2 + 230/1.1^3 + 260/1.1^4 + 260/1.1^5 + 260/1.1^6)$ 万元 ≈ 160.24 万元	$NPV_B = (-1050 + 210/1.1 + 220/1.1^2 + 260/1.1^3 + 300/1.1^4 + 300/1.1^5 + 300/1.1^6)$ 万元 ≈ 78.59 万元
	因为 $NPV_A > NPV_B$，所以方案A优于方案B	
12%	$NPV_A = (-800 + 150/1.12 + 200/1.12^2 + 230/1.12^3 + 260/1.12^4 + 260/1.12^5 + 260/1.12^6)$ 万元 ≈ 101.57 万元	$NPV_B = (-1050 + 210/1.12 + 220/1.12^2 + 260/1.12^3 + 300/1.12^4 + 300/1.12^5 + 300/1.12^6)$ 万元 ≈ 10.82 万元
	因为 $NPV_A > NPV_B$，所以方案A优于方案B	
15%	$NPV_A = (-800 + 150/1.15 + 200/1.15^2 + 230/1.15^3 + 260/1.15^4 + 260/1.15^5 + 260/1.15^6)$ 万元 ≈ 23.22 万元	$NPV_B = (-1050 + 210/1.15 + 220/1.15^2 + 260/1.15^3 + 300/1.15^4 + 300/1.15^5 + 300/1.15^6)$ 万元 ≈ -79.71 万元
	因为 $NPV_A > 0$，$NPV_B < 0$，所以方案A能满足要求，方案B不能满足要求	

由上表可知，选项A、C错误。

累计净现金流量表见下表。

年份	0	1	2	3	4	5	6
方案A净现金流量/万元	-800	150	200	230	260	260	260
方案A累计净现金流量/万元	-800	-650	-450	-220	40	300	560
方案B净现金流量/万元	-1050	210	220	260	300	300	300
方案B累计净现金流量/万元	-1050	-840	-620	-360	-60	240	540

由上表可知方案A的累计净现金流量出现正值的年份为第4年，而方案B的累计净现金流量出现正值的年份为第5年，因此方案B不如方案A，故选项D错误。

9. D。由题可知若基准收益率为 10%，则方案A的 IRR $=5\% < 10\%$，方案B的 IRR $=8\% < 10\%$，因此方案A，B均不能作为基础方案，直接被淘汰。方案C的 IRR $=11\% > 10\%$，方案C可作为基础方案，且 $\Delta IRR_{D,C} = 17\% > 10\%$，说明方案D优于方案C；$\Delta IRR_{E,D} = 9\% < 10\%$，说明方案D优于方案E；$\Delta IRR_{F,D} = 14\% > 10\%$，说明方案F优于方案D。因此，方案F为最优方案。

10. B。净现值计算如下：

$NPV = -1100(P/F, 8\%, 1) + 300[(P/F, 8\%, 2) + (P/F, 8\%, 3)] + 350[(P/F, 8\%, 4) + (P/F, 8\%, 5) + (P/F, 8\%, 6)] = -1100$ 万元 $\times 0.9259 + 300$ 万元 $\times (0.8573 + 0.7938) +$

350 万元 × (0.7350 + 0.6806 + 0.6302) = 192.86 万元。

11. A。费用年值计算如下：

费用现值 $PC = 500(P/F, 10\%, 1) + 150[(P/F, 10\%, 2) + (P/F, 10\%, 3)] + 200[(P/F, 10\%, 4) + (P/F, 10\%, 5) + (P/F, 10\%, 6)] - 30(P/F, 10\%, 6) = 500$ 万元 × 0.9091 + 150 万元 × (0.8264 + 0.7513) + 200 万元 × (0.6830 + 0.6209 + 0.5645) − 30 万元 × 0.5645 = 1047.95 万元。

费用年值 $AC = PC(A/P, i_c, n) = 1047.95 \times \dfrac{10\% \times (1 + 10\%)^6}{(1 + 10\%)^6 - 1} = 240.62$ 万元。

12. C。首先，单一方案均可行。$\Delta IRR_{B,A} = 13\%$，> 基准收益率 12%，方案 B 优于方案 A，方案 A 淘汰；$\Delta IRR_{C,B} = 14\%$，> 基准收益率 12%，方案 C 优于方案 B；$\Delta IRR_{D,C} = 12\%$，= 基准收益率 12%，方案 D 优于方案 C；$\Delta IRR_{E,D} = 11\%$，< 基准收益率 12%，方案 D 优于方案 E；基准收益率 12% 的情况下，方案 D 最优。

13. D。互斥型关系：$\sum_{j=1}^{m} x_j \leq 1$，对于所有互斥方案中可能接受其中的一个方案，也可能一个都不接受。如果将"所有方案都不接受"也考虑为互斥方案之一，则方案总数从 m 个变成 $m+1$ 个，则：$\sum_{j=1}^{m+1} x_j = 1$。

14. B。6 个备选方案可以形成互斥方案组合为：无、A、BF、AC、AD、ACE。

15. B。费用现值指标的计算不考虑方案的收益，但需考虑方案的投资和经营成本支出，还需考虑方案资产的余值回收。费用现值 = 500 万元/(1 + 10%) + 150 万元/(1 + 10%)² + 150 万元/(1 + 10%)³ + 200 万元/(1 + 10%)⁴ + 200 万元/(1 + 10%)⁵ + (200 − 30)万元/(1 + 10%)⁶ = 1048 万元。

16. C。增量投资回收期 = (12000 − 6000)/(5000 − 8000) = −2 年 < 基准投资回收期 3 年，投资额较大的方案 1 较优。增量投资收益率 = (5000 − 8000)万元/(12000 − 6000)万元 × 100% = −50% < 20%，投资额较小的方案 2 较优。

17. B。资本金净利润率 = 年净利润/资本金投资 = 260 万元 × (1 − 25%) × 100%/700 万元 = 27.86%。

18. ACE。填埋场选址的标高应位于重现期不小于 100 年一遇的洪水位之上，故选项 B 错误。填埋场场址不应选在高压缩性淤泥泥炭及软土区域，刚性填埋场选址除外，故选项 D 错误。

19. BD。选项 A 错误，道路等级及其主要技术指标的选用，应根据使用要求、交通量等综合考虑确定。选项 C 错误，在符合生产流程、操作要求、生产管理和使用功能的前提下，建筑物、构筑物等设施，应联合多层布置。选项 E 错误，一般采用正交和环形式布置，对于运输量少的地区或边缘地带可采用尽头式道路。

20. CD。A_1、A_2 和 A_3 之间是互斥型关系，则 $x_1 + x_2 + x_3 \leq 1$，当 $x_1 = 0$ 时，$x_2 + x_3 \leq 1$。故选项 A 错误。A_6 从属于 A_2，当 $x_2 = 0$ 时，$x_6 = 0$；A_5 与 A_2 之间是独立型关系，A_5 与 A_6 之间也是独立型关系，则 $x_5 + x_6 \leq 1$。故选项 B 错误。A_7 与 A_3 之间是互补型关系，则 $x_3 = x_7$。接受 A_7 方案（$x_7 = 1$）的同时也接受 A_3 方案（$x_3 = 1$），不接受 A_7 方案（$x_7 = 0$）的同时也不接受 A_3 方案（$x_3 = 0$）。故选项 E 错误。

21. DE。根据规模效果曲线示意图，本题中 Q_b 和 Q_d 是盈亏平衡点，Q_b 到 Q_d 的区域是规模经济区，在该区域内，Q_c 的边际收入等于边际成本，Q_b 的确定具有不确定性，故选项 A、B、C 错误，选项 D、E 正确。

22. BD。选项 A 错误，是从融资后的角度评价方案资本金投资盈利能力的静态指标。选项 C 错误，全面考虑了项目在整个计算期内的经济状况。选项 E 错误，评价指标直接对比法所选用的指标只能是价值型指标，选用其他类型的指标可能会导致错误的结论。增量投资回收期可用于互斥方案组合的比选。

23. BC。选项 A 错误，应选择有良好的社会经济环境，可依托的基础设施和方便的生活服务设施。选项 D 错误，不占基本农田或尽量少占基本农田。选项 E 错误，应有省市规定的危险废弃物处置场所。

24. BCD。因为方案 A、B、C 是互斥关系，所以 $X_A + X_B + X_C \leqslant 1$。因为方案 D 从属于方案 B，所以 $X_B \geqslant X_D$。因为方案 D 和方案 E 互补，所以 $X_D = X_E$。因为方案 F 从属于方案 C，所以 $X_C \geqslant X_F$。方案 F 和方案 G 是独立关系，方案间没有相互约束，也没有限定方案组合的总投资限额。

六、本章同步练习

（一）单项选择题（每题 1 分。每题的备选项中，只有 1 个最符合题意）

1. 建设方案研究与比选的目的之一是（   ）。

   A. 寻求项目综合效益最大化　　　　　B. 寻求项目的建设规模最大

   C. 寻求选用的工艺技术最先进　　　　D. 寻求采用的生产设备价格最低

2. 某建设方案的规模效果曲线模拟如下图所示，不考虑其他因素，则该方案的规模经济区是（   ）。

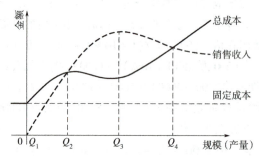

   A. $Q_1 \sim Q_2$　　　　　　　　　　　B. $Q_2 \sim Q_3$

   C. $Q_2 \sim Q_4$　　　　　　　　　　　D. $Q_3 \sim Q_4$

3. 关于项目建设方案研究中建设规模的说法，正确的是（   ）。

   A. 建设规模由国家产业政策决定

   B. 建设规模应根据市场容量确定，建设规模越大越好

   C. 合理的建设规模可以使项目获得最佳的经济效益

   D. 市场确定后，建设规模的决定因素是资金筹集额

4. 下列技术、设备比选方案中，应优先考虑（   ）的方案。

   A. 技术可靠，需要引进国外设备

   B. 技术先进，国内有设备制造业绩

   C. 技术先进，设备正在进行工业化试验

   D. 技术成熟，设备可在国内外市场采购

5. 关于生产工艺技术选择应考虑的主要因素的说法，正确的是（   ）。

   A. 先进性要求项目应采用国际领先的工艺技术

   B. 生产工艺技术经济合理性体现在消耗少、投资少、利润高等方面

   C. 清洁生产意味着项目应做到杜绝污染物排放

D. 项目运行过程的安全是生产工艺技术可靠性的体现

6. 某建设项目总占地面积为 100000m²，建有 4 座建筑面积均为 6000m² 的单层库房，其中两座层高为 6m，另外两座层高分别为 9m 和 10m，还有一个占地面积为 5000m² 的露天堆场。该项目的容积率是（　　）。

A. 0.36　　　　　B. 0.30　　　　　C. 0.29　　　　　D. 0.24

7. 某项目的净现金流量见下表，该项目静态投资回收期为（　　）年。

年份	1	2	3	4	5	6
净现金流量/万元	−100	−200	100	250	200	200

A. 3.2　　　　　B. 3.4　　　　　C. 3.8　　　　　D. 4.8

8. 投资项目场（厂）址比选的主要内容包括建设条件、投资费用、运营费用、环境保护条件和（　　）。

A. 安全条件　　　B. 招标条件　　　C. 施工条件　　　D. 生活条件

9. 某项目总投资为 2600 万元，其中项目资本金投资为 1200 万元，负债为 1400 万元，预计达产以后正常年份的年平均息税前利润为 370 万元，年应付利息为 50 万元，如果企业所得税税率为 25%，则该项目的资本金净利润率为（　　）。

A. 26.25%　　　B. 26.67%　　　C. 6.67%　　　D. 20.00%

10. 在地质灾害易发区内进行工程建设，应当在项目决策分析与评价阶段进行地质灾害危险性评估，并将评估结果作为（　　）的组成部分。

A. 初步可行性研究报告　　　　　B. 环境影响评价报告

C. 土地预审报告　　　　　　　　D. 可行性研究报告

11. 在多个备选方案中，某个方案 Y 是否被接受取决于另外一个方案 X 是否被采纳，但即便是方案 X 被采纳，方案 Y 依旧可能不被接受，这种建设方案间的关系类型是（　　）。

A. 互斥型关系　　　　　　　　　B. 从属型关系

C. 互补型关系　　　　　　　　　D. 相关型关系

12. 某项目厂区占地面积为 60000m²，其中构筑物占地面积 3600m²，道路和广场占地面积 22800m²，建筑物占地面积 12000m²，其他占地面积 18000m²，露天堆场面积 3600m²，经计算，该项目的建筑系数为（　　）。

A. 32%　　　　　B. 70%　　　　　C. 26%　　　　　D. 20%

13. 下列关于总图运输方案的说法，错误的是（　　）。

A. 总体布置工作应建立在厂区总平面布置的基础上，经方案比较后择优确定

B. 厂区总平面应结合当地气象条件，使建筑物具有良好的朝向、采光和自然通风条件

C. 绿化系数是总平面布置方案技术经济指标之一

D. 总图运输方案比选的内容包括拆迁方案比选

14. 下列关于土建工程方案的说法，错误的是（　　）。

A. 土建工程方案在满足使用功能、确保质量前提下，力求降低造价，节约建设资金

B. 土建工程方案要适应已选定的场址

C. 土建工程方案是确定建设规模的基础

D. 分期建设的项目，应留有适当的发展余地

15. 某投资项目的净现金流量见下表，若基准收益率大于零，则该项目的净现值可能的范围是（　　）。

计算期/年	0	1	2	3	4	5
净现金流量/万元	—	−300	−200	200	600	600

A. 等于 1400 万元   B. 大于 900 万元，小于 1400 万元

C. 等于 900 万元   D. 小于 900 万元

16. 有 5 个项目分别是 A_1、A_2、B_1、B_2、C，其中 A_1、A_2 是独立关系，B_1、B_2 是互斥关系，B_1、B_2 均从属于 A_2，C 从属于 B_1，则可以构成（　　）种互斥方案的组合。

A. 8   B. 10   C. 6   D. 4

17. 下列关于投资方案经济评价指标的说法，正确的是（　　）。

A. 静态投资回收期指标是以净利润抵偿全部投资所需要的时间

B. 总投资收益率是从融资后的角度评价方案总投资盈利性

C. 项目的净现值小于零，意味着项目出现了亏损

D. 内部收益率的实质是使投资方案在计算期内各年净现金流量的现值累计等于零时的折现率

18. 某工程有甲、乙、丙、丁 4 个实施方案可供选择。4 个方案的投资额依次是 60 万元、80 万元、100 万元和 120 万元。年经营成本依次是 16 万元、13 万元、10 万元和 6 万元，各方案应用环境相同。设基准投资回收期为 10 年，则采用折算费用法选择的最优方案为（　　）。

A. 甲   B. 乙   C. 丙   D. 丁

19. 某企业现有计算期相同的 A、B 两个项目可以投资，每个项目各有两个备选方案，每个方案的投资额和净现值见下表。若基准收益率为 10%，企业的资金限额为 500 万元，则应选择的项目组合是（　　）。

项目	方案	投资额/万元	净现值/万元
A	A_1	320	60
	A_2	360	75
B	B_1	140	25
	B_2	180	35

A. A_1 和 B_1 B. A_1 和 B_2

C. A_2 和 B_1 D. A_2 和 B_2

（二）多项选择题（每题 2 分。每题的备选项中，有 2 个或 2 个以上符合题意，至少有 1 个错项。错选，本题不得分；少选，所选的每个选项得 0.5 分）

1. 投资项目建设方案研究的主要任务有（　　）。

A. 选择性能可靠的生产设备   B. 选择最佳的资金筹措方案

C. 选择先进适用的工艺技术   D. 选择适宜的投资使用计划

E. 选择合理的总图布置方案

2. 一般的工业项目建设方案研究的主要内容包括（　　）。

A. 市场营销方案   B. 资金筹措方案

C. 建设规模和产品方案   D. 工艺技术与设备及安装方案

E. 节能、节水、节材方案

3. 决策分析与评价阶段的厂区道路方案设计的深度要满足（　　）的要求。

A. 工艺技术方案设计   B. 土石方量计算

C. 投资估算　　　　　　　　　　　D. 总平面布置

E. 绿化布置

4. 衡量经济规模合理性的指标通常有（　　　）。

　　A. 单位产品投资　　　　　　　　　B. 单位生产成本

　　C. 劳动生产率　　　　　　　　　　D. 年销售收入

　　E. 单位投资利润

5. 确定建设规模的主要方法包括（　　　）。

　　A. 经验法　　　　　　　　　　　　B. 生存技术法

　　C. 技术测定法　　　　　　　　　　D. 统计分析法

　　E. 规模效果曲线法

6. 产品方案选择考虑的主要因素包括（　　　）。

　　A. 国家产业政策和技术政策　　　　B. 市场需求和专业化协作

　　C. 技术水平和运输装备存贮条件　　D. 市场容量与竞争力

　　E. 资源综合利用、循环经济和低碳经济要求

7. 下列关于投资项目建设方案比选的说法，正确的有（　　　）。

　　A. 建设方案比选必须采用定量分析方法

　　B. 建设方案比选应遵循及时性原则

　　C. 建设方案比选的指标体系包括环境方面的指标

　　D. 公共产品类项目的比选侧重于社会层面和经济层面

　　E. 竞争类项目的比选侧重于技术层面和经济层面

8. 适用性原则是选择生产工艺技术应遵循的原则之一，主要体现在（　　　）等方面。

　　A. 生产工艺技术选择应使工艺技术流程短、自动化程度高

　　B. 生产工艺技术选择应符合环境保护要求

　　C. 生产工艺技术选择应与原材料、燃料和辅助材料的供应相匹配

　　D. 生产工艺技术选择应与员工的素质和管理水平相适应

　　E. 生产工艺技术选择应与设备和自动化及智能化相匹配

9. 关于工业建设项目场（厂）址选择的说法，正确的有（　　　）。

　　A. 场（厂）址应尽量选择荒地或劣地

　　B. 拟在工业园区建设的项目不需要进行场（厂）址比较

　　C. 地震断层和设防烈度高于6度的区域不得选为场（厂）址

　　D. 填埋场场址不应选在划定的生态保护红线区域内

　　E. 场（厂）址上的工程建设和生产运营不应对公众利益造成损害

10. 下列总图运输方案研究的内容中，属于总平面布置内容的有（　　　）。

　　A. 合理划分功能区　　　　　　　　B. 合理确定运输方式

　　C. 合理确定道路标高　　　　　　　D. 合理组织场地排水

　　E. 合理布置建筑物、构筑物

11. 厂区竖向布置是总图运输方案研究的内容之一。厂区竖向布置方案研究应（　　　）。

　　A. 尽量减少土石方量　　　　　　　B. 满足防火间距要求

　　C. 考虑管道敷设的要求　　　　　　D. 满足场地雨水排放要求

　　E. 充分利用现有土地、建筑物等设施

12. 厂区道路方案设计的内容包括（　　　）。

　　A. 场内外运输装卸要求　　　　　　B. 道路形式

　　C. 路面结构的选择　　　　　　　　D. 铁路、道路的标高

E. 路面宽度、纵坡及道路净空的确定

13. 建设方案的技术比选方法包括（　　）。

    A. 简单评分法　　　　　　　　　　B. 费用现值法

    C. 加权评分法　　　　　　　　　　D. 组合排序法

    E. 劳动生产率比较法

14. 地震安全性评价报告内容包括（　　）。

    A. 地震地质构造评价　　　　　　　B. 地震地质灾害评价

    C. 地震活动环境评价　　　　　　　D. 抗震设计措施

    E. 工程概况和地震安全性评价的技术要求

15. 下列方案经济评价指标中，属于静态评价指标的有（　　）。

    A. 总投资收益率　　　　　　　　　B. 资本金净利润率

    C. 内部收益率　　　　　　　　　　D. 利息备付率

    E. 净现值

16. 某投资项目的现金流量见下表，若折现率为10%，则该项目（　　）。

年　　份	1	2	3	4	5	6
现金流入/万元	0	200	300	500	800	800
现金流出/万元	1000	150	200	50	350	350

    注：表中数据均为年末数，$(P/A, 10\%, 3) = 2.4869$，$(P/F, 10\%, 3) = 0.7513$。

    A. 净现值为43.77万元　　　　　　B. 静态投资回收期为4年

    C. 净现值为48.15万元　　　　　　D. 内部收益率大于10%

    E. 净现值率大于零

七、本章同步练习答案

（一）单项选择题

1. A	2. C	3. C	4. B	5. B
6. A	7. C	8. A	9. D	10. D
11. B	12. A	13. A	14. C	15. D
16. B	17. D	18. D	19. C	

（二）多项选择题

1. ACE	2. CDE	3. BCD	4. ACE	5. ABE
6. ABCE	7. CE	8. BCDE	9. ADE	10. AE
11. ACD	12. BCE	13. AC	14. ABCE	15. ABD
16. CDE				

第七章
社会评价

一、本章核心考点分布

社会评价的目的（2017年、2021年、2023年）

社会评价的内容（2018年、2020年、2021年、2022年、2023年）

社会评价的特点（2018年、2022年）

利益相关者分析方法（2019年、2020年、2024年）

项目不同阶段社会评价的工作重点（2018年、2019年、2021年、2022年、2023年、2024年）

社会评价与社会稳定风险分析（评估）的关系（2017年、2018年、2022年）

社会评价

社会稳定风险分析（2019年、2020年、2021年、2022年）

社会评价方法类型（2018年、2021年）

参与式方法（2022年）

不同行业项目社会评价的工作重点（2021年）

二、专家剖析考点

1. 社会评价在宏观层面和项目层面的目的是高频考点，社会评价的目的、特点、作用和步骤一般会考查 1 ~ 2 分。

2. 社会评价的主要内容是本章的重要命题点，务必要掌握。

3. 社会评价中利益相关者分析的具体内容也是容易出题的命题点。

4. 不同行业项目社会评价的重点可以采用对比记忆方法来复习。

5. 社会稳定风险分析与社会评价 3 方面的区别有可能会以综合题形式考查。

6. 社会评价的 4 个方法类型要注意区分。

三、本章核心考点必刷题

考点1　社会评价的目的

例：社会评价的目的在于（ABCDEFGHIJ）。

　　A. 满足人们的基本社会需求

B. 充分利用地方资源、人力、技术和知识，增强地方的参与程度

C. 实现经济和社会的稳定、持续和协调发展

D. 减少或避免项目建设和运行可能引发的社会问题

E. 促进不同地区之间的公平协调发展

F. 制订一个能够切实完成项目目标的机制和组织模式

G. 尽量实现项目收益在项目所在地区不同利益相关者之间的公平分配

H. 预测潜在风险并分析减少不良社会后果和影响的对策措施

I. 为实现各种社会目标，提出项目设计方案改进建议

J. 运用参与式方法，鼓励项目所在地区民众有效参与项目建设和管理

题号	拓展同类必刷题	答案
1	在宏观层面上，项目社会评价的目的主要包括（　　）。	ABCDE
2	在项目层面上，项目社会评价的目的主要包括（　　）。	FGHIJ

🔊 **考点点评**

　　考试题型有两种：一种是具体判断宏观层面或项目层面上社会评价的目的；另一种是综合判断社会评价的目的，包括宏观层面和项目层面，易考查多项选择题。

考点2　社会评价的内容

例：社会分析应从社会发展的角度，研究项目的实施目标及影响，分析评价社会影响和风险。下列内容属于社会影响分析的有（ABCDEFGHI）。

A. 分析对居民收入及其分配的影响

B. 分析对居民生活水平和生活质量的影响

C. 分析对居民就业的影响

D. 分析对不同利益相关者的影响

E. 分析对弱势群体利益的影响

F. 分析对地区基础设施、社会服务容量和城市化进程的影响

G. 分析对地区文化、教育、卫生的影响

H. 分析对少数民族风俗习惯、宗教的影响

I. 分析对所在地区文化遗产的影响

J. 分析不同利益相关者的态度

K. 分析当地社会组织的态度

L. 分析当地社会环境条件、文化状况能否适应项目建设和发展需要

M. 分析移民安置问题

N. 分析民族矛盾、宗教问题

O. 分析弱势群体支持问题

P. 分析受损补偿问题

Q. 分析项目社会效果可持续性

R. 分析受益者对项目社会可持续的影响

S. 分析受损者对项目社会可持续的影响

题号	拓展同类必刷题	答案
1	社会评价中的互适性分析包括（　　）。	JKL

题号	拓展同类必刷题	答案
2	社会评价中的风险性分析包括（　　）。	MNOP
3	社会评价中的可持续性分析包括（　　）。	QRS

🔊 **考点点评**

1. 首先应了解社会评价的主要内容，包括社会调查、社会分析、社会管理方案制订3项。其中，社会分析的内容是历年考试的重点。

2. 社会评价的实施步骤是调查社会资料→识别社会因素→社会分析→制订社会管理方案→编写社会评价报告。

在此可能会考查社会管理方案的内容。可以这样命题："社会管理方案的内容包括（　　）"。

3. 社会分析的内容，可考查多项选择题，也有可能在判断正确与错误的选择题中出现。社会分析包括项目的社会影响分析、社会互适性分析、社会风险分析和社会可持续性分析等方面。

4. 关于这部分知识点，还有可能考查的题型是：题干中给出具体的分析内容，判断属于哪种类型的分析。例如：

项目社会评价中对"居民生活水平和生活质量的影响分析"属于（D）。

A. 社会风险分析　　　　　　B. 社会互适性分析

C. 社会可持续性分析　　　　D. 社会影响分析

5. 弱势群体分析包括贫困分析、性别分析、少数民族分析、非自愿移民分析。考试时除了会考查弱势群体分析包括的内容，还会考查不同群体分析的侧重点。

考点3　社会评价的特点

例：关于社会评价特点的说法，正确的有（ABCDEFGH）。

　　A. 投资项目的社会影响具有长期性

　　B. 社会评价通常要考虑国家或地区的中期和远期的发展要求和发展规划

　　C. 投资项目的社会影响具有宏观性

　　D. 社会评价的目标呈现多重性和复杂性

　　E. 社会评价需要采用多目标综合评价方法综合考察项目的社会可行性

　　F. 社会评价需要从国家、地方、社区层面进行分析

　　G. 社会评价难以使用统一的量纲、指标和标准来计算

　　H. 项目对当地文化的影响、对社会稳定的影响通常使用定性分析方法来评价

🔊 **考点点评**

1. 社会评价的特点在考试中常考题型是判断正确与错误的综合题目。

2. 选项B可能会设置干扰选项：社会评价只考察投资项目大约20年的经济效果。

3. 选项E可能会设置干扰选项：社会评价通常采用单一指标考察项目的社会可行性。

4. 选项F可能会设置干扰选项：社会评价需要从国际、国内和地方3个层次进行分析。

5. 此外，还需要了解投资项目社会评价所依据的社会发展目标，包括经济增长、国家安全、人口减少失业和贫困及环境保护目标。

考点4　利益相关者分析方法

例：对某项目进行利益相关者分析，其工作内容包括：①分析利益相关者的利益构成；②分析利益相关者的重要性和影响力；③识别利益相关者；④制订主要利益相关者参与方案。正确的工作步骤是（B）。

A. ③—②—①—④　　　　　　　　　　B. ③—①—②—④
C. ①—③—②—④　　　　　　　　　　D. ①—②—③—④

🔊 **考点点评**

1. 关于利益相关者分析的步骤，还可以这样命题：

(1) 给出其中的一项或者几项工作，判断紧接着的工作是什么。例如：对某项目进行利益相关者分析，在识别利益相关者、分析利益相关者的利益构成后紧接着应进行的工作是（　　）。

(2) 直接考查利益相关者分析具体工作步骤有哪些。

2. 最后还需要了解利益相关者的概念及分类。主要利益相关者和次要利益相关者的区别是：主要利益相关者是直接受益或受害的人；次要利益相关者是与项目相关的人员或机构，如银行机构、政府部门、非政府组织。

考点5　项目不同阶段社会评价的工作重点

例：项目建议书阶段开展社会评价的工作内容包括（ABCD）。

　　A. 大致了解项目所在地区社会环境的基本情况，识别主要影响因素
　　B. 分析判断负面的社会因素，粗略地预测可能出现的情况及对项目的影响程度
　　C. 判断项目社会可行性和可能面临的社会风险
　　D. 判断是否需要进行详细社会评价
　　E. 全面深入地分析项目的社会效益与影响，以及项目与社会的相互适应性
　　F. 从社会层面论证项目的可行性
　　G. 结合项目建设的准备情况，对前期阶段完成的评价结论做进一步分析和修正
　　H. 对已经发生的影响和相关反应做出分析，并对未来的变化进行预测
　　I. 对实际发生的影响进行分析，了解掌握项目对当地社区、人口、主要利益相关者造成的实际影响及发展趋势

题号	拓展同类必刷题	答案
1	项目可行性研究阶段开展社会评价的任务包括（　　）。	EF
2	项目准备阶段社会评价的重点是（　　）。	G
3	项目实施阶段社会评价的重点是（　　）。	H
4	项目运营阶段社会评价的重点是（　　）。	I

🔊 **考点点评**

社会评价适用于项目周期的各个阶段，应能区分不同阶段社会评价的工作重点，除了上述题型，还可能以判断正确与错误说法的题目考查。

考点6　社会评价与社会稳定风险分析（评估）的关系

例：关于社会评价与社会稳定风险分析（评估）的说法，正确的有（ABCDEFGHIJK）。

　　A. 两者的理论基础和原则基本一致
　　B. 两者都需要采用参与式方式调查、收集信息
　　C. 两者都要运用利益相关者分析法、参与式方法，识别利益相关者及其社会风险因素
　　D. 两者的工作过程和内容基本相似
　　E. 两者均以社会调查、社会影响分析和社会互适性分析为基础
　　F. 项目社会评价中的社会影响分析既要分析评价项目建设和运营对社会变动的正面影

响，又要分析可能引起的负面影响

G. 项目社会稳定风险分析从项目实施可能对当地自然、经济、人文、社会发展的负面影响角度，列出社会稳定风险因素负面清单后进行社会影响分析评价

H. 社会评价进行社会风险分析时，与其他评价体系并列进行综合考察评价，政府和投资主管部门对项目管理功能无强制性要求

I. 社会稳定风险分析重点针对识别出的社会因素，运用风险分析的理论和方法进行分析评判

J. 项目社会评价缺乏明确的制度性要求、政策性规定、规范性标准，评价内容较为宽泛，指标体系也不规范

K. 项目社会稳定风险分析制度基本完善，政策依据较为明确，相应指标体系基本完善

◀)) 考点点评

1. 社会评价与社会稳定风险分析（评估）的关系在考试时一般会考查判断正确与错误说法的综合题目。

2. 3个相同（相似）：理论体系、分析方法、工作过程和内容；3方面差异：社会分析的角度、管理功能、报告编写。还可能会以这种题型考查：

关于社会评价和社会稳定风险分析二者关系的说法，正确的有（ACE）。

A. 理论体系相同　　　　　　　B. 分析角度一致

C. 分析方法一致　　　　　　　D. 社会管理功能一致

E. 工作过程和内容相似

考点7　社会稳定风险分析

例：社会稳定风险分析的主要内容包括（ABCDE）。

A. 风险调查　　　　　　　　　B. 风险识别

C. 风险估计　　　　　　　　　D. 风险防范与化解措施制订

E. 落实风险防范措施后的风险等级判断

题号	拓展同类必刷题	答案
1	社会稳定风险分析过程中，针对利益相关者不理解、不认同、不满意、不支持的方面，或者日后可能引发不稳定事件的情形，全面、全程查找并分析可能引发社会稳定风险的各种风险因素，这个工作过程是（　　）。	B
2	社会稳定风险分析过程中，找出主要风险因素，剖析引发风险的直接和间接原因，采用定性与定量相结合的方法估计出主要风险因素的风险程度，预测和估计可能引发的风险事件及其发生概率的工作过程是（　　）。	C

◀)) 考点点评

1. 社会稳定风险调查应围绕拟建项目建设实施的合法性、合理性、可行性、可控性等方面展开。对具体内容应熟悉，可能会考查具体内容。

2. 风险识别方法包括：对照表法、专家调查法以及访谈法、实地观察法、案例参照法、项目类比法等。

3. 拟建项目的社会稳定风险等级分为高、中、低三个等级，应对比记忆。

风险等级	群众对项目态度	反应程度	结果
高	大部分群众对项目有意见	特别强烈	可能引发大规模群体性事件
中	部分群众对项目有意见	强烈	可能引发矛盾冲突
低	多数群众理解支持但少部分人对项目有意见	—	通过有效工作可防范和化解矛盾

考点 8　社会评价方法类型

例：社会评价方法类型多种多样，按是否量化分为（AB）。

A. 定性分析方法
B. 定量分析方法
C. 通用方法
D. 专用方法

题号	拓展同类必刷题	答案
1	社会评价方法类型多种多样，按应用领域分为（　）。	CD
2	主要采用文字描述，强调对事物发展变化过程的描述、分析和预测，重点关注事物发展变化的因果关系和逻辑关系的社会评价方法是（　）。	A
3	通过一定的数学公式或模型，在调查分析得到的原始数据基础上，计算出结果并结合一定的标准所进行的分析评价方法是（　）。	B
4	利益相关者分析方法、参与式方法属于社会评价的（　）。	D

考点 9　参与式方法

例：关于参与式评价和参与式行动的说法，正确的有（ABCDE）。

A. 参与式评价是指受影响利益相关者参与项目评价
B. 参与式评价侧重于应用参与式的工具来进行数据的收集、分析和评价
C. 参与式评价包括通过参与式方法来收集主要利益相关者的信息，特别是那些受项目消极影响的人的信息
D. 参与式评价应贯穿于项目全过程
E. 参与式行动更偏重于让项目的利益相关者在决策和项目实施上发挥作用

🔊 **考点点评**

1. 选项 E 是参与式行动与参与式评价最主要的区别。
2. 应用参与式社会评价方法的主要目的是为了最大限度地降低投资项目的社会风险。

考点 10　不同行业项目社会评价的工作重点

例：不同行业、不同类型的项目，社会评价的内容及重点明显不同。城市交通项目社会评价应重点关注（ABC）。

A. 项目实施可能为物流和人员往来提供便捷服务，能够刺激经济增长，扩大提供进入市场、获取社会服务的渠道，促进就业
B. 推动居住区的扩大、人口及居住环境的改善
C. 项目建设引起的征地拆迁社会风险
D. 对企业因搬迁而带来的就业压力
E. 可能导致居民工作和生活出现不便和困难
F. 可能发生土地征用、人口迁移或引起当地市场能源价格变化
G. 分析贫困和弱势群体参与项目活动的机会
H. 征地占地所引起的负面影响

题号	拓展同类必刷题	答案
1	城市环境项目社会评价应重点关注（　）。	DE
2	能源项目社会评价应重点关注（　）。	F
3	水利项目社会评价应重点关注（　）。	GH

1. 【2024 年真题】下列社会评价的内容中，属于可行性研究阶段社会评价重点的是（　　）。
   A. 分析判断项目负面的社会因素
   B. 全面深入地分析项目的社会影响
   C. 判断是否需要进行详细社会评价
   D. 判断受影响群体对项目的真实反应

2. 【2024 年真题】某项目的社会稳定风险分析工作发现，大部分群众对项目有意见、反应强烈，有可能会引发大规模群体性事件，则该项目的社会稳定风险等级应为（　　）。
   A. 一般风险
   B. 低风险
   C. 中风险
   D. 高风险

3. 【2023 年真题】关于社会稳定风险分析的说法，错误的是（　　）。
   A. 重大固定资产投资项目的可行性研究报告或项目申请报告，应对社会稳定风险分析设独立篇（章）
   B. 项目所在地人民政府有权指定工程咨询机构作为社会稳定风险分析的评估主体
   C. 各地方政府或其有关部门应采用统一的社会稳定风险分析指标体系和评判标准
   D. 县级以上地方人民政府拟申请征收土地的，应开展社会稳定风险评估

4. 【2022 年真题】开展投资项目社会评价应着眼大局，整体把握，通常要考虑国家或地区的中期和远期发展规划及目标要求。这体现了社会评价（　　）的特点。
   A. 宏观性和长期性
   B. 评价目标多重性和复杂性
   C. 评价标准差异性
   D. 评价方法复杂性

5. 【2022 年真题】关于投资项目不同阶段社会评价重点的说法，正确的是（　　）。
   A. 项目建议书阶段的社会评价重点是分析判断负面的社会因素
   B. 项目可行性研究阶段的社会评价重点是分析项目缓解贫困效果
   C. 项目实施阶段的社会评价重点是论证社会因素风险程度
   D. 项目运营阶段的社会评价重点是分析利益相关者参与方式

6. 【2022 年真题】关于采用参与式方法进行项目社会评价的说法，正确的是（　　）。
   A. 参与式评价侧重收集有影响力的受益者的意见
   B. 参与式评价应贯穿于项目全过程
   C. 参与式行动侧重受损者参与，以根除项目负面社会影响
   D. 参与式行动旨在最大限度提高项目实施方案的投资效益

7. 【2021 年真题】关于项目社会评价目的的说法，正确的是（　　）。
   A. 制订一个能够切实完成项目目标的建设模式
   B. 评价项目建设和运营活动对社会发展目标所带来的贡献和影响
   C. 保证项目建设对当地居民的生活不产生任何负面影响
   D. 追究项目管理机构在社会影响方面的责任

8. 【2021 年真题】下列项目社会分析内容中，属于互适性分析的是（　　）。
   A. 项目引起当地文化教育水平的变化情况
   B. 项目对所在地区基础设施的影响
   C. 项目所在地的社会组织对项目的态度
   D. 项目促进社会发展的经济效果

9. 【2020 年真题】关于社会评价作用的说法，错误的是（　　）。
   A. 有利于避免或减少项目的社会风险
   B. 有利于项目建设符合社会发展目标
   C. 有利于项目合理规避税收

D. 有利于项目所在地区利益协调一致

10. 【2019年真题】关于项目不同阶段社会评价的作用和重点的说法，正确的是（　　）。
   A. 项目建议书阶段的社会评价主要着眼于分析判断负面的社会因素
   B. 项目可行性研究阶段应对项目是否需要进行详细的社会评价做出判断
   C. 项目实施阶段不需要进行社会评价
   D. 项目运营阶段的社会评价主要分析负面社会影响的发展趋势

11. 【2024年真题】关于社会项目评价中利益相关者的说法，正确的有（　　）。
   A. 利益相关者指的是与项目有直接或间接利害关系的社会团体或组织机构
   B. 利益相关者一般包括项目的建设单位，包括提供类似产品或服务的竞争对手
   C. 利益相关者是社会调查的主要对象，也是社会影响分析的主要对象
   D. 促进不同利益相关者参与项目是社会管理方案的主要目标之一
   E. 影响力弱的利益相关者，在制定方案时可以忽略

12. 【2023年真题】关于社会评价中社会管理方案的说法，正确的有（　　）。
   A. 社会管理方案制定的目的之一是使社会风险可控
   B. 社会管理方案应侧重从政策方面缓解项目的负面社会影响
   C. 社会管理方案是对项目实施阶段各项社会管理措施做出的总体安排
   D. 社会管理方案应包括社会监测评估计划
   E. 社会管理方案应包括利益相关者的抱怨与申诉机制

13. 【2021年真题】关于项目社会评价重点关注内容的说法，正确的有（　　）。
   A. 城市交通项目重点关注贫困和弱势群体参与项目规划的机会
   B. 城市环境项目重点关注环境问题对目标人群生活质量的影响
   C. 能源项目重点关注能源结构变化对全社会资源配置的影响
   D. 水利项目重点关注由于征地对当地农民带来的收益
   E. 农村发展项目重点关注项目可能对农民造成的负面影响

14. 【2021年真题】社会评价中关注的弱势群体有（　　）。
   A. 贫困人口　　　　　B. 少数民族　　　　　C. 非自愿移民　　　　　D. 女性领导者
   E. 老弱多病者

15. 【2019年真题】项目社会稳定风险分析的主要内容，除风险调查、风险识别外，还应包括（　　）。
   A. 风险估计
   B. 风险评估依据筛选
   C. 风险防范措施制订
   D. 落实风险防范措施后的风险等级判断
   E. 风险应急预案实施过程审计方案

五、本章真题实训答案及解析

1. B。选项A、C是项目规划和项目建议书阶段的社会评价；选项D是项目运营阶段的社会评价重点。

2. D。高风险指大部分群众对项目有意见、反应特别强烈，可能引发大规模群体性事件的风险。

3. C。在进行社会稳定风险分析时，各地方政府或其有关部门，可根据《国家发展改革委重大固定资产投资项目社会稳定风险评估暂行办法》及相关法律法规要求，结合地方经济社会发展的状况，编制适合本地区固定资产投资项目社会稳定风险分析的指标体系、评判标准等，故选项C错误。

4. A。社会评价着眼大局，整体把握，权衡社会影响利弊，体现了评价的宏观性和长期性。

5. A。选项B错误，项目可行性研究［项目申请书（报告）］阶段的社会评价详细社会分析的任务主要是全面深入地分析项目的社会效益与影响，以及项目与社会的相互适应性。选项C错误，重点是对已经发生的影响和相关反应做出分析，并对未来的变化进行预测。选项D错误，重点是对实际发生的影响进行分析，明晰项目对当地社区、人口、主要利益相关者造成的实际影响及发展趋势，判断受影响群体对项目的真实反应。

6. B。选项A错误，侧重于应用参与式的工具来进行数据的收集、分析和评价。选项C错误，参与式行动偏重于让项目的利益相关者在决策和项目实施上发挥作用。选项D错误，参与式行动是促进各个利益相关者在与项目之间的沟通和理解，减缓相互之间的矛盾和冲突，协调各方利益关系，进一步促进受益群体的行动和改善项目建设，使受损群体的利益损失得到更加合理的补偿。

7. B。社会评价目的包括：①判断投资项目社会发展目标实现的可行性；②评价项目建设和运营活动对社会发展目标所做出的贡献和影响。

8. C。选项A、B属于社会影响分析内容。选项D不属于社会影响分析、互适性分析、风险分析和持续性分析中的内容。

9. C。社会评价的作用，主要体现在以下3个方面：①有利于经济发展目标与社会发展目标的协调一致，防止单纯追求项目经济效益，故选项B正确；②有利于项目所在地区利益协调一致，减少社会矛盾和纠纷，促进社会稳定，故选项D正确；③有利于避免或减少项目建设和运营的社会风险，提高投资效益，故选项A正确。

10. A。项目可行性研究［项目申请书（报告）］阶段社会评价的任务主要是全面深入、详细地分析项目的社会效益与影响，以及项目与社会的相互适应性，以增强项目的有利影响，减轻不利影响，规避社会风险，故选项B错误。项目实施阶段需要进行社会评价，重点是对已经发生的影响和相关反应做出分析，并对未来的变化进行预测，故选项C错误。项目运营阶段社会评价的重点是对实际发生的影响进行分析，掌握项目对当地社区、人口、主要利益相关者造成的实际影响及发展趋势，判断受影响群体对项目的真实反应，故选项D错误。

11. CD。选项A错误，利益相关者是指与项目有直接或间接利害关系，并对项目成功与否有直接或间接影响的有关个人、群体或组织机构。选项B错误，项目利益相关者一般划分为项目受益人、项目受害人、项目受影响人、其他利益相关者（包括项目的建设单位、设计单位、咨询单位、与项目有关的政府部门与非政府组织）。选项E错误，利益相关者参与方案是社会管理方案的重要组成部分，不同利益相关者平等参与项目是社会管理方案制定的目标之一。

12. ADE。社会管理方案应尽可能首先通过工程方案优化减少项目负面影响，之后从政策、制度、机制、机构、资金、程序、人员等方面予以妥善安排，以减少、缓解负面影响，控制社会风险，故选项B错误。社会管理方案是对项目实施阶段各项社会行动、措施及其保障条件做出的总体安排，故选项C错误。

13. BE。选项A错误，应重点关注项目实施可能为物流和人员往来提供的便捷服务。选项C错误，应重点关注可能发生土地征用、人口迁移或引起当地市场能源价格变化等，从而引起相关的负面社会影响。选项D错误，应重点关注由于征地引起的负面影响。

14. ABC。在项目社会评价中，需要特殊关注的弱势群体有贫困人口、女性、少数民族和非自愿移民等。

15. ACD。社会稳定风险分析的主要内容共5项，包括风险调查、风险识别、风险估计、风险防范与化解措施制订、落实风险防范措施后的风险等级判断。

（一）单项选择题（每题1分。每题的备选项中，只有1个最符合题意）

1. 关于项目社会评价的说法，错误的是（　　）。

   A. 社会评价的目标层次是多重性的

   B. 社会评价通常采用多目标综合评价法

   C. 社会调查是项目社会评价的重要环节

   D. 社会评价可以使用统一的指标和标准计算、比较社会效益

2. 投资项目社会评价的目的可体现在宏观层面和项目层面，下列属于项目层面的是（　　）。

   A. 满足人们的基本社会需求

   B. 保证不同地区之间的公平协调发展

   C. 实现经济和社会的和谐发展

   D. 防止或尽量减少对地区社会环境造成负面影响

3. 下列投资项目，不需要进行社会评价的是（　　）。

   A. 外部影响较大的项目　　　　　　　　B. 社会因素比较复杂的项目

   C. 产出价格违背真实价值的项目　　　　D. 具有明确社会发展目标的项目

4. 社会评价的研究内容包括项目的社会影响分析、社会互适性分析、社会风险分析和社会可持续性分析4个方面。下列社会因素中，属于社会影响分析所关注的社会因素是（　　）。

   A. 移民安置　　　　　　　　　　　　　B. 受损补偿

   C. 城市化进程　　　　　　　　　　　　D. 弱势群体态度

5. 某水电站投资项目要识别社会分析中的利益相关者，可以分为主要利益相关者和次要利益相关者。下列利益相关者中，属于次要利益相关者的是（　　）。

   A. 项目出资人A（占70%股份）　　　　B. 项目出资人B（占30%股份）

   C. 提供贷款的银行　　　　　　　　　　D. 需要搬迁的居民

6. 项目社会评价中分析"不同利益相关者的态度"属于（　　）。

   A. 社会影响分析　　　　　　　　　　　B. 社会互适性分析

   C. 社会风险分析　　　　　　　　　　　D. 社会可持续性分析

7. 项目社会评价的步骤不包括（　　）。

   A. 论证比选方案　　　　　　　　　　　B. 识别社会因素

   C. 社会资料调查　　　　　　　　　　　D. 制订社会管理方案

（二）多项选择题（每题2分。每题的备选项中，有2个或2个以上符合题意，至少有1个错项。错选，本题不得分；少选，所选的每个选项得0.5分）

1. 投资项目社会评价所依据的社会发展目标包括（　　）。

   A. 减少失业和贫困目标　　　　　　　　B. 经济增长目标

   C. 利润增长目标　　　　　　　　　　　D. 国家安全目标

   E. 人口目标

2. 水利项目社会评价应重点关注的内容包括（　　）。

   A. 由于征地占地所引起的负面影响

   B. 可能对农民造成的负面影响

   C. 因水利项目所造成的潜在社会风险

   D. 贫困和弱势群体参与项目活动的机会

   E. 对土地被征用和搬迁的农村家庭及其他受项目影响的人群就业的影响

3. 社会评价中，进行利益相关者分析时需要开展的工作有（　　）。
  A. 识别利益相关者
  B. 分析利益相关者的利益构成
  C. 分析利益相关者的重要性
  D. 制订主要利益相关者参与方案
  E. 对受损群体给予安置和补偿
4. 开展投资项目社会评价，进行项目与所在地区的互适性分析时，要考虑的社会因素包括（　　）。
  A. 当地社会组织的态度
  B. 对居民收入的影响
  C. 移民安置的问题
  D. 当地社会环境支持条件
  E. 不同利益相关者的态度
5. 社会评价与社会稳定风险分析的差异有（　　）。
  A. 分析方法的差异
  B. 社会分析角度的差异
  C. 报告编写的差异
  D. 管理功能的差异
  E. 理论体系的差异

七、本章同步练习答案

（一）单项选择题

1. D	2. D	3. C	4. C	5. C
6. B	7. A			

（二）多项选择题

1. ABDE	2. AD	3. ABCD	4. ADE	5. BCD

第八章
不确定性分析与风险分析

一、本章核心考点分布

```
                        ┌─────────────────────────────────────────────────────────────┐
                        │ 敏感性分析（2018年、2019年、2020年、2021年、2022年、2023年、2024年） │
                        └─────────────────────────────────────────────────────────────┘
                        ┌─────────────────────────────────────────────────────────────┐
                        │ 盈亏平衡分析（2018年、2019年、2020年、2021年、2022年、2023年、2024年）│
                        └─────────────────────────────────────────────────────────────┘
                        ┌───────────────────────────────────────────────────┐
                        │ 风险估计（2019年、2020年、2021年、2022年、2023年、2024年） │
                        └───────────────────────────────────────────────────┘
  ┌──────────────┐      ┌─────────────────────────────────────────────────────────────────┐
  │ 不确定性分析   │──────│ 投资项目主要风险对策（2018年、2019年、2020年、2021年、2022年、2023年、2024年）│
  │ 与风险分析     │      └─────────────────────────────────────────────────────────────────┘
  └──────────────┘      ┌─────────────────────────────────────────────────────────────┐
                        │ 风险识别（2018年、2019年、2020年、2021年、2022年、2023年、2024年） │
                        └─────────────────────────────────────────────────────────────┘
                        ┌──────────────────────────┐
                        │ 风险评价（2021年、2023年）  │
                        └──────────────────────────┘
                        ┌──────────────────────────────┐
                        │ 不确定性与风险（2019年、2024年） │
                        └──────────────────────────────┘
```

二、专家剖析考点

1. 风险的性质及分类一般考查记忆性题目。

2. 不确定性与风险的区别应熟记。

3. 敏感性分析与盈亏平衡分析考试题目难度为中等，一考再考，考生在熟练掌握公式后可以轻松应对考试。

4. 盈亏平衡点的计算一直深受命题者的青睐，要重点关注。

5. 风险分析的考试难度较大，期望值、离散系数的计算及概率树分析是重点内容。复习备考时以理解为主。

6. 工程项目中所发生的具体风险事件应归类于投资项目的哪一类风险是命题的一种形式。

7. 风险识别、风险估计、风险评价、风险对策会出 1~2 分的选择题，常用的风险对策是比较热门的考点，可采用对比记忆方法。

三、本章核心考点必刷题

考点1　敏感性分析

例：关于建设项目敏感性分析的说法，正确的有（ABCDEFGHIJKLMN）。

　　A. 单因素敏感性分析是每次只改变一个因素的数值进行分析，并估算单个因素的变化对项目效益产生的影响

B. 多因素敏感性分析是同时对两个或两个以上因素变化进行分析，并估算多因素同时发生变化的影响

C. 进行敏感性分析要选取不确定因素并确定其变化对分析指标的影响

D. 应予进行敏感性分析的因素包括建设投资、产出物价格、主要投入物价格或可变成本、运营负荷、建设期以及外汇汇率

E. 敏感度系数是项目分析指标变化的百分率与不确定因素变化的百分率之比

F. 敏感性分析方法对项目财务分析和经济分析同样适用

G. 敏感度系数高，表示项目分析指标对该不确定因素敏感程度高

H. 临界点是不确定因素的变化使项目由可行变为不可行的临界数值

I. 在一定的基准收益率下，临界点越低，说明该因素对项目效益指标影响越大，项目对该因素就越敏感

J. 敏感性分析不能得知不确定因素对项目分析指标的影响发生的可能性有多大

K. 利用临界点判别敏感因素的方法是一种绝对测定法

L. 在其他条件一定的情况下，临界点的高低与设定的基准收益率有关

M. 对于同一个投资项目，随着设定基准收益率的提高，临界点表示的不确定因素的极限变化变小

N. 可以通过敏感性分析图求得临界点的近似值

🔊 考点点评

1. 针对选项 D，还可能这样命题：下列因素中，可以作为敏感性分析因素的有（　　）。

2. 敏感性分析的步骤：选取分析指标→选取不确定因素→计算不确定因素变化对分析指标的影响→计算敏感性分析指标→敏感性分析结果表述→对敏感性分析结果进行分析。可能会考查排序题。

3. 对不同的方案应用敏感性分析选择，应选择敏感程度小、承受风险能力强、可靠性大的方案。

4. 关于临界点还有可能这样考查：

某建设项目的敏感性分析选定财务内部收益率为分析指标，销售价格和可变成本为不确定因素，分析结果如下图所示。如果项目的基准收益率为 10%，则根据该图，可变成本的临界点大约为（A）。

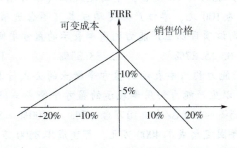

A. 5%　　　　　　　B. 10%　　　　　　　C. 15%　　　　　　　D. 20%

【分析】内部收益率随可变成本变化曲线与基准收益率线相交的交点就是可变成本变化的临界点，用该点对应的不确定因素的变化率表示，用该变化率换算的不确定因素的变化数值就成为临界值，可以估算出可变成本的临界点小于 10%。

5. 关于这部分内容，还可能会考查的是敏感度系数的计算。可能这样命题：

某建设项目的单因素敏感性分析中，基本方案对应的销售量为 0.8 万台/年，财务内部收

益率为25%，当产品的销售量减少10%时，该项目的财务内部收益率降低到22%，则此时的敏感度系数为（C）。

　　A. 0.30　　　　　　B. 0.83　　　　　　C. 1.20　　　　　　D. 1.36

　　【分析】该建设项目的敏感度系数为：$E=(\Delta A/A)/(\Delta F/F)=[(22\%-25\%)/25\%]/(-10\%)=1.20$。

考点2　盈亏平衡分析

例： 关于建设项目盈亏平衡分析的说法，正确的有（ABCDEFGH）。

　　A. 盈亏平衡点可以用产量、产品售价、单位可变成本和年总固定成本表示

　　B. 用产量和生产能力利用率表示的盈亏平衡点越低，表明企业适应市场需求变化的能力越大，抗风险能力越强

　　C. 用产品售价表示的盈亏平衡点越低，表明企业适应市场价格下降的能力越大，抗风险能力越强

　　D. 盈亏平衡分析只适宜在财务分析中应用

　　E. 盈亏平衡点可以采用图解法求得

　　F. 盈亏平衡点应按项目达产年份的数据计算，不能按计算期内的平均值计算

　　G. 当计算期内各年数值不同时，盈亏平衡点最好选择还款期间的第一个达产年和还完借款以后的年份分别计算

　　H. 盈亏平衡分析不能揭示产生项目风险的根源

考点点评

　　1. 针对选项B，还可能以"用产量和生产能力利用率表示的盈亏平衡点越低，表明（　　）"的形式命题。

　　2. 针对选项D，可能会设置的干扰选项：盈亏平衡分析既适宜在财务分析中应用也适宜在经济分析中应用。

　　3. 针对选项F，可能会设置的干扰选项：盈亏平衡点应按项目计算期内的平均数据计算。

　　4. 盈亏平衡点的计算是考试常考内容。常考题型有：

　　（1）某项目年设计生产能力为10万台，年固定成本（不含增值税）为150万元，单位产品售价（不含增值税）为100元，单位产品变动成本（不含进项税）为55元，单位产品销售税金及附加为5元，则该项目以生产能力利用率表示的盈亏平衡点为（A）。

　　A. 37.50%　　　　B. 15.87%　　　　C. 33.33%　　　　D. 30.00%

　　【分析】直接根据生产能力利用率表示的盈亏平衡点的公式计算。注意公式中收入和成本均为不含税价格。该项目以生产能力利用率表示的盈亏平衡点=150万元/（100元/台×10万台-100元/台×10万台×55%-100元/台×10万台×5%）×100%=37.50%。

　　（2）某项目达产后每年固定总成本4000万元，可变成本3500万元，营业收入与成本费用均采用不含税价格表示，项目设计生产能力为3500台。若该项目的产品销售价格为5万元/台，营业税金及附加为400元/台，则该项目年利润总额达到1500万元的最低年销售量为（B）台。

　　A. 1010　　　　B. 1389　　　　C. 1512　　　　D. 1815

　　【分析】注意公式中收入和成本均为不含税价格。单位可变成本=3500万元/3500台=1万元/台，若最低销售量为Q，要使总利润达到1500万元，则1500万元=5万元/台×Q-4000万元-Q-0.04万元×Q，解得：Q≈1389台。

考点3　风险估计

例1：风险估计的方法包括（ABCDE）。
- A. 主观估计
- B. 客观估计
- C. 概率树分析
- D. 蒙特卡洛模拟
- E. 决策矩阵

题号	拓展同类必刷题	答案
1	下列风险估计方法中，属于风险概率估计方法的有（　）。	AB
2	下列风险估计方法中，属于风险影响估计方法的有（　）。	CDE
3	人们对某一风险因素发生可能性的主观判断，用介于0～1的数据来描述的风险估计方法是（　）。	A
4	根据大量的试验数据，用统计的方法计算某一风险因素发生的可能性，不以人的主观意志为转移的风险估计方法是（　）。	B

🔊 考点点评

1. 风险估计是风险分析的程序之一。风险分析的程序：风险识别→风险估计→风险评价→风险对策。可能会考查排序题。

2. 风险概率分布形式有正态分布、三角分布、β分布。

3. 对于概率树分析的理论计算法一般只适用于服从离散分布的输入与输出变量。一般假定输入与输出变量是相互独立的。概率树分析的基本步骤应熟悉，可能考查排序题。

4. 熟悉应用蒙特卡洛模拟法时的注意事项。

例2：描述风险概率分布的指标主要有（ABCD）。
- A. 期望值
- B. 方差
- C. 标准差
- D. 离散系数
- E. 中位数
- F. 平均数

题号	拓展同类必刷题	答案
1	描述随机变量偏离期望值程度的绝对指标有（　）。	BC
2	用于描述随机变量偏离期望值程度的相对指标是（　）。	D

🔊 考点点评

1. 选项E、F是可能会出现的干扰选项。

2. 期望值、标准差与离散系数的计算在考试中也会考查。可以这样命题：

（1）某项目产品价格可能出现3种状态值，即80元/m^3、100元/m^3、130元/m^3，经专家估计，各种状态的可能性为40%、40%、20%，则产品价格的期望值为（C）元/m^3。

A. 52　　　　B. 78　　　　C. 98　　　　D. 108

【分析】期望值是风险变量的加权平均值。则该项目产品价格的期望值＝80元/m^3×40%＋100元/m^3×40%＋130元/m^3×20%＝98元/m^3。考试时常考查离散型风险变量的期望值；对于等概率的离散随机变量的期望值一般不考。

（2）某项目产品价格符合正态分析，专家调查的期望值为80，方差为8，则其标准差和离散系数分别为（B）。

A. 10，0.035　　　B. 2.83，0.035　　　C. 10，0.11　　　D. 2.83，0.1

【分析】标准差$S = \sqrt{8} = 2.83$。离散系数$\beta = \dfrac{S}{x} = 2.83/80 = 0.035$。

考点4　投资项目主要风险对策

例：已知有风险，但由于可能获利而需要冒险承担这种风险的情况属于风险对策中的（D）。
A. 风险规避　　　　B. 风险减轻　　　　C. 风险转移　　　　D. 风险自留
E. 风险监控

题号	拓展同类必刷题	答案
1	在可行性研究过程中，通过信息反馈彻底改变原方案的做法属于风险对策中的（　　）。	A
2	彻底规避风险的一种做法是（　　）。	A
3	某种风险可能造成相当大的损失，且发生的频率较高，应用其他的风险对策防范风险代价昂贵，这时应采取的风险对策是（　　）。	A
4	通过降低技术方案复杂性的方式降低风险事件发生的概率属于风险对策中的（　　）。	B
5	通过增加那些可能出现的风险的技术方案的安全冗余度来降低日后一旦风险发生可能带来的负面效果，属于风险对策中的（　　）。	B
6	某银行为了减少自己的风险，只贷给投资项目所需资金的一部分，让其他银行和投资者共担风险，属于风险对策中的（　　）。	B
7	将已做完前期工作的项目转给他人投资属于风险对策中的（　　）。	C
8	在可行性研究中可以提出在技术合同谈判中注意加上保证性条款属于（　　）对策。	C
9	在设备采购和施工合同中采用总价合同形式属于（　　）对策。	C
10	建立应急储备，安排一定的时间、资金或资源来应对风险属于风险对策中的（　　）。	D
11	建设单位收集和分析与承包风险相关的各种信息，获取风险信号，预测未来的风险并提出预警属于风险对策中的（　　）。	E

🔊 考点点评

1. 本考点有3种考查题型：

（1）上述例题形式，题干中给出具体对策，判断属于哪种方式。

（2）备选项中给出具体对策，判断属于哪种方式。比如："下列风险应对策略中，属于风险转移对策的有（　　）"。

（3）表述型题目。比如："关于项目决策分析与评价中项目风险对策的说法，正确的有（　　）"。

2. 风险对策的基本要求应掌握，会考查判断正确与错误说法的题目。

考点5　风险识别

例：投资项目可行性研究阶段涉及的风险因素较多，各行业和项目又不尽相同。风险识别要根据行业和项目的特点，采用适当的方法进行。下列方法属于风险识别方法的有（ABCDEFGHIJKL）。

A. 基于影响图的解析法　　　　　　　B. 风险结构分解法
C. 头脑风暴法　　　　　　　　　　　D. 德尔菲法
E. 风险识别调查表法　　　　　　　　F. 风险对照检查表法
G. 神经网络模型　　　　　　　　　　H. 故障树法
I. 事件树法　　　　　　　　　　　　J. 问卷调查法
K. 情景分析法　　　　　　　　　　　L. 工作结构分解法

题号	拓展同类必刷题	答案
1	常用于将一个复杂系统分解为若干子系统进行分析，通过对子系统的分析进而把握整个系统的特征，这种识别方法称为（　）。	A
2	下列风险分析方法中，属于专家调查法的有（　）。	CDEF
3	下列风险分析方法中，是一种规范化的定性风险分析工具，具有系统、全面、简单、快捷、高效等优点的方法是（　）。	F

🔊 **考点点评**

1. 风险识别的结果是建立项目的风险清单。

2. 风险识别的目的可能会考查多项选择题，包括3项：①进行风险分类；②寻找风险事件；③明确风险征兆。

3. 一般投资项目风险可以从内部（包括技术风险、组织管理风险、进度延误风险等）和外部（包括市场风险、政策风险、环境与社会风险）两个方面进行识别。对常见的风险应能识别。

4. 风险识别报告的内容会考查多项选择题，包括3项：①风险源的类型、数量；②风险发生的可能性；③风险可能发生的部位及风险相关特征。

考点6　风险评价

例： 风险评价是在项目风险识别和风险估计的基础上，对风险程度进行划分，揭示影响项目成败的关键风险因素，并采取防范对策。风险评价的工作内容包括（ABC）。

A. 确定风险评价基准　　　　　　　　B. 确定项目的风险水平

C. 确定项目风险等级　　　　　　　　D. 确定项目存在的风险因素

E. 对项目风险分类　　　　　　　　　F. 确定项目风险发生的间接表现

G. 确定项目风险的直接表现　　　　　H. 分析项目风险发生的条件

🔊 **考点点评**

1. 注意风险评价工作内容与风险识别工作内容的区别。选项D、E、F、G、H属于风险识别的工作内容。

2. 风险评价包括单因素风险评价和整体风险评价。单因素风险评价的方法主要有风险概率矩阵、专家评价法。

考点7　不确定性与风险

例1： 风险具有的特征有（ABCDE）。

A. 客观性　　　B. 可变性　　　C. 阶段性　　　D. 多样性　　　E. 相对性

题号	拓展同类必刷题	答案
1	无论是自然现象中的地震、洪水，还是现实社会中的矛盾、冲突等，不可能根除，只能采取措施降低其对工程项目的不利影响，这表明风险具有（　）的特点。	A
2	风险可能发生，造成损失甚至重大损失，也可能不发生。风险是否发生，风险事件的后果如何都是难以确定的，这表明风险具有（　）的特点。	B
3	建设项目投资决策阶段的风险主要包括政策风险、融资风险，项目实施阶段的主要风险可能是工程风险和建设风险，这表明风险具有（　）的特点。	C

题号	拓展同类必刷题	答案
4	高新技术行业投资项目的主要风险可能是技术风险和市场风险，而基础设施行业投资项目的主要风险可能是工程风险和政策风险，这表明风险具有（ ）的特点。	D
5	对于项目的有关各方可能会有不同的风险，而且对于同一风险因素，对不同主体的影响是不同的甚至是截然相反的，这表明风险具有（ ）的特点。	E

🔊 **考点点评**

1. 了解风险与不确定性的概念。
2. 不确定性与风险的区别应掌握。二者的区别主要体现在能否量化。

例2： 投资项目可能有各种各样的风险，从不同的角度出发可以进行不同的分类。按照风险的性质分，可分为（AB）。
  A. 纯风险   B. 投机风险   C. 自然风险   D. 人为风险
  E. 技术风险   F. 非技术风险   G. 可控风险   H. 不可控风险

题号	拓展同类必刷题	答案
1	投资项目可能有各种各样的风险，从不同的角度出发可以进行不同的分类。按照风险来源分，可分为（ ）。	CD
2	投资项目可能有各种各样的风险，从不同的角度出发可以进行不同的分类。按照技术因素分，可分为（ ）。	EF
3	投资项目可能有各种各样的风险，从不同的角度出发可以进行不同的分类。按照风险的可控性分，可分为（ ）。	GH
4	只会造成损失，不能带来利益的风险属于（ ）。	A
5	可能带来损失，也可能产生利益的风险属于（ ）。	B

四、本章真题实训

1. 【2024年真题】项目设计生产能力为200万 t/年，预计达产年的产品售价为1500元/t，产品税金及附加为30元/t，可变成本为750元/t，年总固定成本为40000万元，以上金额均不含增值税。该项目用产品售价表示的盈亏平衡点是（ ）元/t。
  A. 780   B. 830   C. 950   D. 980

2. 【2024年真题】下列投资项目的风险中，属于组织管理风险的是（ ）。
  A. 引进的国外二手设备存在缺陷   B. 国家对产业政策进行调整
  C. 主要管理者的道德水平低下   D. 市场预测方法选择错误

3. 【2024年真题】采用概率树法进行投资项目风险分析时，首先应做的工作是（ ）。
  A. 确定评价指标期望值
  B. 确定风险事件的风险等级
  C. 确定一系列可能出现的概率事件
  D. 确定风险事件发生后未来可能出现的各种结果

4. 【2023年真题】某投资项目有四个互斥的方案，各方案的设计生产能力和盈亏平衡点产量见下表。根据盈亏平衡点生产能力利用率判断，抗风险能力最强的方案是（ ）。

方案	甲	乙	丙	丁
设计生产能力/万元	1000	1100	960	800
盈亏平衡点产量/万元	600	650	550	500

A. 方案甲   B. 方案乙   C. 方案丙   D. 方案丁

5.【2023 年真题】关于投资项目敏感性分析中临界点的说法，正确的是（   ）。

    A. 在一定的基准收益率下，不确定因素的临界点越低，说明项目对该因素越不敏感

    B. 将临界点与预测的风险变化幅度相比较，可以大致分析项目的风险情况

    C. 随着设定基准收益率的提高，临界点表示的不确定因素极限变化将变大

    D. 利用临界点判别敏感因素的方法是一种相对测定法

6.【2022 年真题】测算某项目内部收益率（IRR）为 10%，现选择四个影响因素进行单因素敏感性分析，当产品价格上涨 10% 时，IRR = 11.5%；当原材料价格上涨 10% 时，IRR = 9.5%；当建设投资上涨 10% 时，IRR = 9%；当生产负荷下降 10% 时，IRR = 8.9%。则仅据此推断，该项目 IRR 最敏感的因素是（   ）。

    A. 建设投资   B. 原材料价格

    C. 产品价格   D. 生产负荷

7.【2022 年真题】某项目设计生产能力为 100 万 t，预计产品售价为 800 元/t，总固定成本为 8000 万元，单位产品税金及附加为 100 元/t，单位产品可变成本为 300 元/t，以上价格和成本均不含税，则该项目以产品售价表示的盈亏平衡点为（   ）元/t。

    A. 380   B. 400   C. 480   D. 800

8.【2022 年真题】在进行某项目决策分析时，邀请 3 位专家对项目产品的年销售量及其可能的概率进行预测，预测结果见下表，则专家估计销售量的期望值为（   ）t/年。

专家	销售量/（t/年）		
	1800	2000	2200
	概率（%）		
1	30	30	40
2	40	40	20
3	20	40	40

    A. 1960   B. 2007   C. 2020   D. 2100

9.【2021 年真题】选取两个不确定因素 Y_1 和 Y_2 分别对同一项目进行单因素敏感度分析，分析指标为财务内部收益率 FIRR（财务基准收益率为 10%）。Y_1 的敏感度系数为 1.1，Y_2 的敏感度系数为 -1.20。不考虑其他因素，下列判断正确的是（   ）。

    A. FIRR 对 Y_1 比 Y_2 更敏感   B. FIRR 对 Y_2 比 Y_1 更敏感

    C. 当 Y_2 上涨 10% 时，FIRR 变为 -12% D. 当 Y_1 上涨 10% 时，FIRR 变为 11%

10.【2021 年真题】某投资项目设计生产能力为每年 30 万 t，达产第一年销售价格为 400 元/t，单位产品税金及附加忽略不计，总固定成本为 3000 万元，单位产品可变成本为 240 元（销售收入和成本费用均不含税），则该项目达产第一年的盈亏平衡点生产能力利用率为（   ）。

    A. 40.00%   B. 60.00%   C. 62.50%   D. 80.00%

11.【2020 年真题】对某项目进行单因素敏感性分析时，选取了两个不确定因素 Y_1 和 Y_2，分析指标为财务内部收益率 FIRR，财务基准收益率为 8%，计算得出相应的敏感度系数 E_1 为 1.05、E_2 为 -1.23。不考虑其他因素，则下列判断正确的是（   ）。

A. FIRR 与 E_2 同方向变化

B. 本项目 FIRR 对 Y_2 因素比对 Y_1 因素更敏感

C. 当财务基准收益率为 9% 时，E_1 会变大

D. 当 Y_1 上涨 10% 时，FIRR 变为 8.5%

12.【2020 年真题】某项目盈亏平衡分析如下图所示，下列结论中，正确的是（　　）。

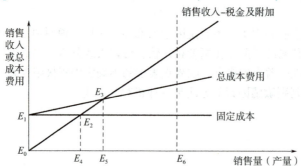

A. E_4 是项目产量的盈亏平衡点

B. E_5 越大，项目风险越大

C. E_4 是项目销售收入等于总成本费用时的年产量

D. E_6 是项目利润最高时的年产量

13.【2020 年真题】对某投资项目进行决策分析时，估计产品的市场价格为 1000 元/t。为了分析产品价格变化的风险，请 3 位专家对其价格可能出现的状态及相应的概率进行了预测，见下表：

专家	市场价格/(元/t)		
	900	1000	1100
	概率（%）		
1	20	50	30
2	30	40	30
3	40	40	20

则专家估计市场价格的期望值是（　　）元/t。

A. 900. 00　　　　B. 996. 67　　　　C. 1000. 00　　　　D. 1100. 00

14.【2024 年真题】下列风险估计的方法中，可以估计风险影响的有（　　）。

A. 蒙特卡洛模拟　　　　　　　　B. 主观概率估计

C. 客观概率估计　　　　　　　　D. 决策矩阵

E. 概率树分析

15.【2024 年真题】下列投资项目风险对策中，属于风险转移对策的有（　　）。

A. 购买各种类型工程保险　　　　B. 降低技术方案的复杂性

C. 专业工程分包　　　　　　　　D. 放弃风险大的方案

E. 购买设备时签订总价合同

16.【2023 年真题】关于风险概率-影响矩阵的说法，正确的有（　　）。

A. 矩阵中风险的正面影响被定义为机会

B. 矩阵中风险概率和影响要用数值表达

C. 矩阵中风险因素分值越大则风险越小

D. 矩阵中纵坐标表示风险因素发生的概率

E. 矩阵的分析结果用于确定项目风险等级

17. 【2023 年真题】关于投资项目风险评价的说法，正确的有（　　　）。

A. 应首先确定项目整体的风险评价基准，不需确定单一风险因素的评价基准

B. 项目整体风险水平应综合所有单因素风险确定

C. 判断项目风险是否可接受主要取决于评价者个人的风险偏好

D. 风险评价时要考虑不同风险对项目目标的影响程度

E. 风险评价分为确定风险评价基准和确定风险水平两个步骤

18. 【2022 年真题】某项目敏感性分析见下表，设定的基准收益率为 12%。根据该表可以得出的结论有（　　　）。

序号	不确定因素	不确定因素变化率	财务内部收益率	敏感度系数
	基本方案		15.3%	
1	建设投资变化	10%	12.6%	−1.76
		−10%	18.4%	−2.03
2	销售价格变化	10%	19.6%	2.81
		−10%	10.6%	3.07
3	原材料价格变化	10%	13.8%	−0.98
		−10%	16.7%	−0.92

A. 销售价格变化比原材料价格变化对财务内部收益率的影响程度更大

B. 临界点通常不随着不确定因素变化率的改变而改变

C. 建设投资增加时，财务内部收益率随之提高

D. 财务内部收益率对原材料价格变化的敏感程度高于对建设投资变化的敏感程度

E. 销售价格提高 5% 时，估计财务内部收益率在 10% ~15%

19. 【2022 年真题】对投资项目可能发生的某种风险采取风险回避的对策，一般适用的情形有（　　　）。

A. 某种风险发生的概率极低，但可能造成相当大的损失

B. 某种风险可能造成相当大的损失且发生的概率较高

C. 应用其他的风险对策防范的代价昂贵，得不偿失

D. 面临某种风险时，项目不可放弃或缓建

E. 某种风险发生后的影响范围比较广，但损失可能较小

20. 【2021 年真题】关于投资项目风险评价的说法，正确的有（　　　）。

A. 风险评价应依据已确定的风险应对策略进行

B. 风险评价的成果可用于制订风险管理计划

C. 风险评价依据的评价基准应参照项目主体的变化

D. 项目风险的大小主要取决于风险影响项目目标的程度

E. 风险评价可以采用的方法包括专家评价法

21. 【2020 年真题】对投资项目进行敏感性分析时，关于不确定因素变化的临界点与设定的基准收益率关系的说法，正确的有（　　　）。

A. 临界点的高低与设定的基准收益率直接关联

B. 设定的基准收益率提高，不确定因素的临界点会降低

C. 设定的基准收益率提高，不确定因素的临界点会提高

D. 基准收益率不变的情况下，临界点越高，说明项目评价指标对不确定因素越敏感

E. 不确定性因素的变化超过临界点，会导致项目财务内部收益率指标低于基准收益率

1. D。用产品售价表示的盈亏平衡点 = 40000 万元/200 万 t + 750 元/t + 30 元/t = 980 元/t。

2. C。选项 A 属于技术风险，选项 B 属于政策风险，选项 D 属于市场风险。

3. C。概率树分析首要步骤是确定一系列可能出现的概率事件。

4. C。抗风险能力越强，盈亏平衡点生产能力利用率越低，盈亏平衡点生产能力利用率公式为：BEP(生产能力利用率) = BEP(产量)/设计生产能力。由题可知，方案甲：BEP(生产能力利用率) = (600/1000) × 100% = 60.00%，方案乙：BEP(生产能力利用率) = (650/1100) × 100% = 59.09%，方案丙：BEP(生产能力利用率) = (550/960) × 100% = 57.29%，方案丁：BEP(生产能力利用率) = (500/800) × 100% = 62.50%，则盈亏平衡点生产能力利用率：方案丁 > 方案甲 > 方案乙 > 方案丙，因此抗风险能力最强的是方案丙。

5. B。选项 A 错误，在一定的基准收益率下，不确定因素的临界点越低，说明该因素对项目效益指标影响越大，项目对该因素就越敏感。选项 C 错误，随着设定基准收益率的提高，临界点就会变低（即临界点表示的不确定因素极限变化变小）。选项 D 错误，利用临界点判别敏感因素的方法是一种绝对测定法。

6. C。敏感性分析见下表。

分析指标	ΔA
产品价格	11.5% − 10% = 1.5%
原材料价格	9.5% − 10% = −0.5%
建设投资	9% − 10% = −1%
生产负荷	8.9% − 10% = −1.1%

$E = (\Delta A/A)/(\Delta F/F) = \Delta A/10\%/10\%$。

$|E|$ 越大，即 $|\Delta A|$ 越大，对应的不确定因素的敏感度越高。因此，该项目 IRR 最敏感的因素是产品价格。

7. C。BEP（产品售价） = （年总固定成本/设计生产能力） + 单位产品可变成本 + 单位产品税金及附加

令 BEP（产品售价） = x 元/t，列方程求解。$100x − 8000 − 100 × 300 − 100 × 100 = 0$。解得：$x = 480$ 元/t。

8. B。专家估计销售量的概率分布：

期望值 = 1800t/年 × 30% + 2000t/年 × 36.67% + 2200t/年 × 33.33% = (540 + 733.3 + 733.3) t/年 = 2007t/年。

9. B。敏感度系数的绝对值越大，对应的不确定因素的敏感度越高。当 Y_2 上涨 10% 时，FIRR 变化幅度为 −12%。当 Y_1 上涨 10% 时，FIRR 变化幅度为 11%。

10. C。BEP(生产能力利用率) = 年总固定成本/(年销售收入 − 年总可变成本 − 年税金及附加) × 100% = 30000000 元/(400 元/t × 300000t − 240 元/t × 300000t) = 62.50%。

11. B。$E_2 < 0$，表示 FIRR 与不确定因素 Y_2 反方向变化。故选项 A 错误。$|E_2| > |E_1|$，所以 FIRR 对 Y_2 因素比对 Y_1 因素更敏感，故选项 B 正确。财务基准收益率会影响临界点的高低，但和敏感度系数无关，故选项 C 错误。当 Y_1 上涨 10% 时，未给出当前 FIRR 值，无法计算，故选项 D 错误。

12. B。E_4 点上，销售收入 − 税金及附加等于固定成本，故选项 A、C 错误。E_5 点上销售收入 − 税金及附加等于总成本，是盈亏平衡点，E_5 越大，项目风险越大。E_6 点再增加销售量，利润会随之增加，故选项 D 错误。

13. B。市场价格的期望值 = 900 元/t × (20% + 30% + 40%)/3 + 1000 元/t × (50% + 40% + 40%)/3 + 1100 元/t × (30% + 30% + 20%)/3 = 996.67 元/t。

14. ADE。风险影响估计方法有概率树分析、蒙特卡洛模拟、决策矩阵等方法。选项 B、C 属于风险概率估计方法。

15. ACE。选项 B 属于风险减轻对策；选项 D 属于风险规避对策。

16. ADE。风险概率-影响矩阵中风险概率和影响可用描述性术语(例如很高、高、中、低和很低)或数值来表达。风险概率-影响矩阵中风险因素分值越大一般意味着风险越大。

17. BD。风险评价分为确定风险评价基准，单个风险和整体风险都要确定评价基准；确定项目的风险水平；确定项目风险等级三个步骤。故选项 A、E 错误。投资项目风险评价的首要步骤是确定风险评价基准，整体的风险评价基准和单一风险因素的评价基准均需要确定。应通过对比项目风险水平和评价基准，从而判断风险是否可被接受。故选项 C 错误。

18. AB。选项 C 错误，敏感度系数为负，说明分析指标变化方向与不确定因素变化方向相反；故建设投资增加时，财务内部收益率随之降低。选项 D 错误，建设投资变化的敏感度系数 > 原材料价格变化的敏感度系数，故其敏感程度更高。选项 E 错误，销售价格提高5%时，估计财务内部收益率在 15.3% ~ 19.6%。

19. BC。风险回避一般适用于以下两种情况，其一是某种风险可能造成相当大的损失，且发生的频率较高；其二是应用其他的风险对策防范风险代价昂贵，得不偿失，故选项 A、E 错误，选项 B、C 正确。如风险分析显示产品市场方面存在严重风险，若采取回避风险的对策，就会做出缓建或放弃项目决策，故选项 D 错误。

20. DE。风险评价是在项目风险识别和风险估计的基础上，通过相应的指标体系和评价标准，对风险程度进行划分，以揭示影响项目成败的关键风险因素，以便针对关键风险因素，采取防范对策，故选项 A、B 错误。工程项目风险评价的依据主要有工程项目类型、风险管理计划、风险识别的成果、工程项目进展状况、数据的准确性和可靠性、概率和影响程度等，故选项 C 错误。

21. ABE。随着设定基准收益率的提高，临界点就会变低，故选项 C 错误。在一定的基准收益率下，临界点越低，说明该因素对项目效益指标影响越大，项目对该因素就越敏感，故选项 D 错误。

六、本章同步练习

(一) 单项选择题 (每题1分。每题的备选项中，只有1个最符合题意)

1. 对投资项目进行敏感性分析，首先要进行的工作是 ( )。
   A. 计算临界点
   B. 估计不确定因素的变化幅度
   C. 确定分析指标
   D. 确定风险概率

2. 某项目基本方案的财务内部收益率为15%，对应的原材料价格为8000 元/t，若原材料价格为9000 元/t，则该项目的财务内部收益率为12%。该财务内部收益率指标对项目原材料价格的敏感度系数为 ( )。
   A. 1.8　　　　　B. −1.6　　　　　C. −1.8　　　　　D. −2.0

3. 采用敏感性分析方法进行项目不确定性分析的不足主要体现在 ( )。
   A. 无法得到影响项目效益的最敏感因素
   B. 无法得知敏感因素发生的可能性有多大
   C. 无法同时针对两个敏感因素进行分析
   D. 无法定量分析敏感性因素对项目效益的影响

4. 某项目设计年生产能力为25 万件，估算年固定总成本为500 万元，产品的销售价格 (不含销项税) 预计为80 元/件，单位产品税金及附加为0.4 元/件，单位产品可变成本 (不含进项税) 为50 元/件。则该项目以生产能力利用率表示的盈亏平衡点应为 ( )。

A. 32.43%　　　　　B. 34.21%　　　　　C. 65.79%　　　　　D. 67.57%

5. 风险分析程序包括：①风险对策；②风险估计；③风险评价；④风险识别等。这些步骤的先后顺序是（　　）。

　　A. ④－②－③－①
　　B. ①－④－②－③
　　C. ④－③－②－①
　　D. ④－②－①－③

6. 由于消费者的消费习惯、消费偏好发生变化，导致项目的市场出现问题，市场供需总量的实际情况与预测值发生偏离，这种风险属于（　　）。

　　A. 市场风险
　　B. 技术与工程风险
　　C. 组织管理风险
　　D. 环境与社会风险

7. 进行项目风险分析时，为了系统观察风险源对项目目标影响的逻辑过程，适宜采用的风险识别方法是（　　）。

　　A. 专家头脑风暴法
　　B. 风险识别调查表
　　C. 基于影响图的风险解析法
　　D. 情景分析法

8. 关于风险概率估计的说法，正确的是（　　）。

　　A. 主观概率估计只能用于完全可重复事件
　　B. 标准差是描述随机变量偏离期望值程度的相对指标
　　C. 离散系数是描述随机变量偏离期望值程度的绝对指标
　　D. 离散型概率分布适用于变量取值个数有限的输入变量

9. 关于蒙特卡洛模拟风险分析方法的说法，错误的是（　　）。

　　A. 该方法属于风险分析的理论计算法
　　B. 变量分解程度低，则模拟可靠度降低
　　C. 该方法可以用于对连续随机变量的分析
　　D. 变量分解过细往往造成变量之间有相关性

10. 因行业和项目都有其特殊性，不同的行业和不同的项目具有不同的风险。这表明风险具有（　　）的特点。

　　A. 客观性　　　　　B. 多样性　　　　　C. 相对性　　　　　D. 可变性

11. 某项目在 3 种状态下的建设投资及其发生概率见下表，则该项目建设投资的期望值为（　　）万元。

项目状态	建设投资/万元	发生概率
工期正常	6500	0.5
工期延长半年	7500	0.3
工期正常、厂址迁至邻县	9000	0.2

　　A. 6500　　　　　B. 7300　　　　　C. 7667　　　　　D. 9000

12. 某项目在主要风险变量的不同情况下，可能发生事件对应的财务净现值及其概率见下表，则该项目净现值大于或等于零的累计概率为（　　）。

净现值/万元	−4000	−3000	−2000	−1000	400	1000	1500	2000
概率	0.08	0.06	0.12	0.05	0.07	0.13	0.15	0.34

　　A. 0.62　　　　　B. 0.64　　　　　C. 0.66　　　　　D. 0.69

13. 下列风险应对策略中，属于风险转移对策的是（　　）。

　　A. 合同中增加保证性条款
　　B. 彻底改变原设计方案
　　C. 建立应急储备资金
　　D. 降低技术方案复杂性

（二）多项选择题（每题 2 分。每题的备选项中，有 2 个或 2 个以上符合题意，至少有 1 个错项。错选，本题不得分；少选，所选的每个选项得 0.5 分）

1. 下列条件中，属于线性盈亏平衡分析假设条件的有（　　　）。
   - A. 产销量和单位可变成本保持不变
   - B. 产量等于销售量
   - C. 产量发生变化时，单位可变成本不变
   - D. 产量超过一定规模时，固定成本线性增加
   - E. 产销量和销售单价不变

2. 某项目运营期各年营业收入、流转税金及可变成本费用均保持不变，项目运营期为 15 年，折旧及摊销年限为投产后 10 年，长期借款还款期为运营期前 6 年，关于其盈亏平衡分析的说法，正确的有（　　　）。
   - A. 盈亏平衡点可按计算期内的平均值计算
   - B. 盈亏平衡点越低，表明项目抗风险能力越强
   - C. 运营期第 2 年的盈亏平衡点会高于第 7 年
   - D. 运营期第 7 年的盈亏平衡点会高于第 11 年
   - E. 运营期第 11 年的盈亏平衡点会高于第 12 年

3. 敏感度系数和临界点是敏感性分析的两项重要指标，下列有关敏感度系数和临界点的表述中，正确的有（　　　）。
   - A. 敏感度系数是项目分析指标和不确定因素的比值
   - B. 不确定因素的敏感度系数越大，表明项目效益对该因素的敏感程度越高
   - C. 敏感度系数在判断各不确定因素对项目分析指标的相对影响程度上没有意义
   - D. 临界点的高低与设定的基准收益率有关
   - E. 不确定因素的临界点越高，说明该因素对项目效益指标的影响越大

4. 关于盈亏平衡分析的说法，正确的有（　　　）。
   - A. 盈亏平衡分析广泛应用于财务分析和经济分析
   - B. 线性盈亏平衡分析假设产品产量等于销售量
   - C. 盈亏平衡点应按计算期内各年的平均数据计算
   - D. 盈亏平衡点越高，企业的抗风险能力越强
   - E. 计算盈亏平衡点不应采用未达产年份的数据

5. 关于投资项目风险识别目的的说法，正确的有（　　　）。
   - A. 明确风险征兆，作为风险预警的信号
   - B. 估计风险发生时损失的严重程度
   - C. 分析风险产生的原因或发生的条件
   - D. 预测由所识别风险诱发的风险事件
   - E. 对项目产生重要影响的风险进行分类

6. 风险估计是估计风险发生的可能性及其对项目的影响。风险估计的方法主要包括（　　　）。
   - A. 主观概率估计法
   - B. 客观概率估计法
   - C. 风险分解法
   - D. 概率树分析法
   - E. 蒙特卡洛模拟法

7. 可以用于风险识别的方法包括（　　　）。
   - A. 德尔菲法
   - B. 风险结构分解法
   - C. 基于影响图的解析法
   - D. 风险概率-影响矩阵法
   - E. 风险评价表法

8. 关于概率树分析的说法，正确的有（　　）。

    A. 通常假定输入变量之间是相关的

    B. 净现值小于零的概率越接近1，风险越小

    C. 净现值期望值为各加权净现值之和

    D. 该方法不适于输入变量存在相互关联的情况

    E. 评价指标通常按由大到小的顺序排列计算累计概率

七、本章同步练习答案

（一）单项选择题

1. C	2. B	3. B	4. D	5. A	6. A
7. C	8. D	9. A	10. B	11. B	12. D
13. A					

（二）多项选择题

1. BC	2. BCD	3. BD	4. BE	5. ACE
6. ABDE	7. ABC	8. CD		

第九章
项目后评价及其报告

一、本章核心考点分布

项目后评价及其报告
- 项目后评价的特性、目的和作用（2019年、2020年、2021年、2022年、2024年）
- 项目后评价的评价指标（2018年、2021年、2024年）
- 项目后评价的类型和方法（2018年、2021年）
- 中央政府投资项目后评价管理（2024年）
- 项目后评价报告的主要内容
- 项目后评价报告的评估

二、专家剖析考点

1. 项目后评价的作用要掌握，一般会考查多项选择题，属于常识题。
2. 注意区分项目后评价的评价指标种类。
3. 熟悉项目后评价的类型和方法。
4. 纳入中央政府投资项目后评价管理的范围要牢记，是单项选择题采分点。
5. 项目后评价报告的主要内容和项目后评价报告的评估熟悉即可。

三、本章核心考点必刷题

考点1 项目后评价的特性、目的和作用

例：关于项目后评价的目的和作用，说法正确的有（ABCDEFGHI）。
- A. 项目后评价的核心目的是为出资人保证资金合理使用和提高投资效益服务
- B. 项目后评价主要目的是服务于投资决策
- C. 通过项目后评价可以增强项目实施的社会透明度和管理部门的责任心，提高投资管理水平
- D. 项目后评价对提高项目前期工作质量起促进作用
- E. 对政府来说，通过项目后评价可以及时反馈信息，调整相关政策、计划、进度，改进未来的投资计划和项目的管理，提高投资收益
- F. 项目后评价对银行防范风险起提示作用

G. 项目后评价对项目业主提高管理水平起借鉴作用

H. 项目后评价对企业优化生产管理起推动作用

I. 项目后评价对出资人加强投资监管起支持作用

🔊 **考点点评**

1. 针对上述内容，通常以判断正确或错误说法的题型考查。

2. 选项 A 也可能单独成题。可以这样命题：项目后评价的核心目的是（　　）。

3. 项目后评价的特性表现在 5 个方面，即全面性、动态性、对比性、现实性、客观性。

考点 2　项目后评价的评价指标

例：下列项目后评价指标中，属于财务和经济评价指标的有（DEFGHIJK）。

A. 设计能力　　　　　　　　　B. 技术或工艺的合理性、先进性

C. 设备性能　　　　　　　　　D. 项目总投资

E. 资本金比例　　　　　　　　F. 单位产出成本与收入

G. 内部收益率　　　　　　　　H. 利润

I. 资产负债率　　　　　　　　J. 投资回收期

K. 总投资收益率　　　　　　　L. 生态指标

M. 环境容量　　　　　　　　　N. 环境控制

O. 环境治理　　　　　　　　　P. 资源合理利用

Q. 双碳指标　　　　　　　　　R. 移民和拆迁

S. 最低生活保障线　　　　　　T. 前期工作相关程序

U. 采购招标　　　　　　　　　V. 施工组织与管理

W. 项目投入　　　　　　　　　X. 项目产出

Y. 项目宏观影响

题号	拓展同类必刷题	答案
1	下列项目后评价指标中，属于工程技术评价指标的有（　　）。	ABC
2	下列项目后评价指标中，属于项目生态与环境评价指标的有（　　）。	LMNOPQ
3	下列项目后评价指标中，属于项目社会效益评价指标的有（　　）。	RS
4	下列项目后评价指标中，属于管理效能评价指标的有（　　）。	TUV
5	下列项目后评价指标中，属于项目目标评价指标的有（　　）。	WXY

考点 3　项目后评价的类型和方法

例：根据评价范围划分，项目后评价可以分为（AB）。

A. 全面后评价　　　　　　　　B. 专项后评价

C. 建设工程项目后评价　　　　D. 并购项目后评价

E. 项目规划后评价

题号	拓展同类必刷题	答案
1	按照项目类别划分，项目后评价可以分为（　　）。	CDE

1. 项目规模大、相对复杂的项目，正常开展项目后评价；规模小且较为简单的项目，可以有重点地进行评价。

2. 评价方式有两种：投资者委托有能力的咨询机构评价；建设单位自评后再委托第三方评估。

3. 项目后评价的方法：定性与定量相结合，主要有逻辑框架法、调查法、对比法、专家打分法、综合指标体系评价法、项目成功度评价法。

考点4　中央政府投资项目后评价管理

例： 中央政府投资项目开展后评价工作应主要从（ABCDEFGH）中选择。

　　A. 对行业和地区发展、产业结构调整有重大指导意义的项目

　　B. 对节约资源、保护生态环境、促进社会发展、维护国家安全有重大影响的项目

　　C. 对优化资源配置、调整投资方向、优化重大布局有重要借鉴作用的项目

　　D. 采用新技术、新工艺、新设备、新材料、新型投融资和运营模式，以及其他具有特殊示范意义的项目

　　E. 跨地区、跨流域、工期长、投资大、建设条件复杂，以及项目建设过程中发生重大方案调整的项目

　　F. 征地拆迁、移民安置规模较大，对贫困地区、贫困人口及其他弱势群体影响较大的项目

　　G. 使用中央预算内投资数额较大且比例较高的项目

　　H. 社会舆论普遍关注的项目

1. 纳入中央政府投资后评价管理的范围：由国家发展改革委审批可行性研究报告的中央政府投资项目。这是一个单项选择题采分点。

2. 国家发展改革委不得委托参加过同一项目前期工作和建设实施工作的工程咨询机构承担该项目的后评价任务。

考点5　项目后评价报告的主要内容

例1： 项目前期工作评价主要是对项目可行性研究、初步设计（或基础设计，以下同）等工作的评价。下列属于可行性研究评价内容的有（ABCDEFG）。

　　A. 项目立项依据评价

　　B. 基础资料简要评价

　　C. 市场分析预测与生产/运营规模评价

　　D. 场（厂）址选择（征地、用地评价）、资源及原材料供应评价

　　E. 环境保护、节能、节水、安全、职业卫生及消防评价

　　F. 总图及系统配套工程评价

　　G. 风险分析、市场竞争力分析评价

　　H. 可行性研究评估报告或项目评审会议纪要（专家评估意见）评价

题号	拓展同类必刷题	答案
1	下列评价内容中，属于决策评价的是（　　）。	H

对各项评价的具体内容也应熟悉，考试时可能会对具体内容进行考查。

例2：下列评价项目，属于项目建设/实施管理评价的有（DEFGHIJ）。

A. 施工图设计进度简要评价　　　　　B. 施工图设计与批复初步设计符合性评价
C. 施工图设计质量评价　　　　　　　D. 施工/实施准备评价
E. 招标投标及采购工作评价　　　　　F. 项目建设/实施进度评价
G. 工程质量评价　　　　　　　　　　H. 项目造价及费用管理评价
I. HSE管理评价　　　　　　　　　　J. 工程竣工验收评价
K. 主要原材料供应评价　　　　　　　L. 生产运营能力达标评价
M. 节能减排效果评价　　　　　　　　N. 工艺技术及设备运行评价
O. 项目营销评价　　　　　　　　　　P. 公用工程及辅助设施合理性评价
Q. 生产经营许可证件

题号	拓展同类必刷题	答案
1	下列评价项目，属于施工图设计简要评价的有（　　）。	ABC
2	下列评价项目，属于生产运营评价的有（　　）。	KLMNOPQ

🔊 **考点点评**

1. 对于一般制造业建设项目后评价报告的编制内容，包括项目概况、前期工作评价、建设实施评价、生产运营评价、投资与经济效益评价、影响评价与持续性评价、综合评价结论以及附表附件等。对各项评价的具体内容应熟悉。

2. 综合评价结论中，项目的成功度指标评价等级宜按好、良好、中等、较差四级划分。采用定量评价方法对项目成功度进行评定，实行100分制评分标准。

考点6　项目后评价报告的评估

例：项目后评价报告的评估内容包括（ABCDEF）。

A. 程序性评估　　　　　　　　　　　B. 信息资料评估
C. 内容完整性评估　　　　　　　　　D. 关键问题评估
E. 持续性评估　　　　　　　　　　　F. 成功度与结论评估

🔊 **考点点评**

本考点熟悉即可。

四、本章真题实训

1. 【2024年真题】政府投资项目开展后评价的核心目的是（　　　）。
   A. 发现项目投资过程中的问题并追究决策者的责任
   B. 为出资人保证资金合理使用和提高投资效益服务
   C. 使后评价成果变为社会财富，产生社会效益
   D. 总结投资过程中的经验教训，并追究项目管理者的责任

2. 【2024年真题】根据《中央政府投资后评价管理办法》，应纳入中央政府投资后评价管理范围的项目是（　　　）。

A. 由地方发展改革部门审批可行性研究报告的政府投资项目

B. 由国家发展改革委审批可行性研究报告的中央政府投资项目

C. 投资额度较大的国有企业投资项目

D. 对行业发展具有重大指导意义的中央企业投资项目

3.【2024年真题】下列项目评价指标中，属于项目后评价通常选用的财务和经济评价指标的有（　　）。

A. 内部收益率　　　　　　　　　　B. 项目目标实现程度

C. 总投资收益率　　　　　　　　　D. 资源利用率

E. 资本金比例

4.【2020年真题】关于项目后评价作用的说法，正确的有（　　）。

A. 有助于提高其他后期类似项目前期工作的质量

B. 对金融机构防范风险起提示作用

C. 对提高项目管理水平起借鉴作用

D. 为工程项目的竣工验收提供素材

E. 后评价报告可作为项目的竣工报告

五、本章真题实训答案及解析

1. B。项目后评价的主要目的是服务于投资决策，是出资人对投资活动进行监管的重要手段之一。特别是政府投资项目，需要有效的监督，其核心的目的是为出资人保证资金合理使用和提高投资效益服务。

2. B。国家发展改革委审批可行性研究报告的中央政府投资项目，纳入中央政府投资后评价管理的范围。

3. ACE。财务和经济评价指标，如项目投资指标，包括总投资、资本金比例等；运营期财务指标，包括产品成本与收入、利润、资产负债率等；项目经济评价指标，包括内部收益率、投资回收期、总投资收益率等。

4. ABC。项目后评价的作用除了选项A、B、C还包括：①对提高项目前期工作质量起促进作用；②对政府制定和调整有关经济政策起参谋作用；③对企业优化生产管理起推动作用；④对出资人加强投资监管起支持作用。要注意选项A的说法是正确的。

六、本章同步练习

（一）单项选择题（每题1分。每题的备选项中，只有1个最符合题意）

1. 根据评价范围，可以分为（　　）。

A. 中间评价和整理评价　　　　　　B. 单一后评价和全面后评价

C. 全面后评价和专项后评价　　　　D. 建设工程项目后评价和项目规划后评价

2. 不同类型项目的后评价应选用不同的评价指标。下列指标中，属于工程技术评价指标的是（　　）。

A. 设计能力　　　　　　　　　　　B. 环境容量

C. 项目产出　　　　　　　　　　　D. 施工组织与管理

3. 关于项目管理评价的说法，正确的是（　　）。

A. 简要说明可行性研究报告编制单位的资信情况及选择方式

B. 简要评价合同签订、合同履行及合同管理方面的实施情况

C. 分析可行性研究报告对风险判断的准确程度，评价提出的规避和降低风险措施是否适当

D. 评价项目施工组织设计大纲编制内容及审查情况

4. 项目的成功度评价等级宜按好、良好、中等、较差四级划分。项目部分目标都已实现，且在经济上和社会上取得了一定效益和影响属于（　　）。
A. "好" 项目　　　　B. "良好" 项目　　　C. "中等" 项目　　　D. "较差" 项目

5. 在项目单位完成自我总结评价报告后，国家发展改革委根据项目后评价年度计划，委托（　　）承担项目后评价任务。
A. 乙级专项工程咨询机构　　　　　　　　B. 具备相应资质的乙级工程咨询机构
C. 甲级综合工程咨询机构　　　　　　　　D. 具备相应资质的甲级工程咨询机构

（二）多项选择题（每题 2 分。每题的备选项中，有 2 个或 2 个以上符合题意，至少有 1 个错项。错选，本题不得分；少选，所选的每个选项得 0.5 分）

1. 下列评价特性中，属于项目后评价基本特性的有（　　）。
A. 评价依据具有现实性　　　　　　　　　B. 评价内容具有全面性
C. 评价指标具有先进性　　　　　　　　　D. 评价具有动态性
E. 评价结论具有客观性

2. 对政府来说，开展项目后评价可以（　　）。
A. 起到引导信贷投资方向的作用
B. 及时反馈信息，调整相关政策、计划、进度，改进未来的投资计划和项目的管理，提高投资效益
C. 增强项目实施的社会透明度和管理部门的责任心，提高投资管理水平
D. 集合多个项目后评价总结的经验教训和对策建议，修订和完善投资政策和发展规划，提高决策水平
E. 对项目业主提高管理水平起借鉴作用

3. 项目后评价应采用定性和定量相结合的方法，主要包括（　　）。
A. 德尔菲法　　　　　　　　　　　　　B. 逻辑框架法
C. 项目成功度评价法　　　　　　　　　D. 对比法
E. 专家打分法

4. 下列属于项目建设/实施管理评价的有（　　）。
A. 项目管理评价　　　　　　　　　　　B. 项目建设/实施进度评价
C. HSE 管理评价　　　　　　　　　　　D. 施工图设计进度评价
E. 初步设计评价

5. 项目后评价报告的评估包括（　　）。
A. 程序性评估　　　　　　　　　　　　B. 预见性评估
C. 创新性评估　　　　　　　　　　　　D. 信息资料评估
E. 持续性评估

七、本章同步练习答案

（一）单项选择题

1. C	2. A	3. B	4. C	5. D

（二）多项选择题

1. ABDE	2. BCD	3. BCDE	4. ABC	5. ADE

2025 年全国注册咨询工程师（投资）职业资格考试
预测试卷（一）

一、单项选择题（共 60 题，每题 1 分。每题的备选项中，只有 1 个最符合题意）

1. 实行核准制的企业投资项目，仅需向政府提交（　　）。
   A. 项目建议书
   B. 可行性研究报告
   C. 开工报告
   D. 项目申请书（报告）

2. 工程咨询单位存在（　　）行为，由发展改革部门责令改正。
   A. 累计 4 次拒绝接收委托任务
   B. 帮助别人申请咨询工程师（投资）登记的
   C. 转让执业专用章
   D. 接收任何影响公正执业的酬劳

3. 初步可行性研究的主要目的是（　　）。
   A. 发现有价值的投资机会
   B. 判断项目是否有必要性
   C. 分析建设方案的合理性
   D. 分析项目是否符合相关发展建设规划

4. 下列关于项目建议书与初步可行性研究关系和区别的说法中，正确的是（　　）。
   A. 初步可行性研究的成果必然是初步可行性研究报告
   B. 初步可行性研究报告较为简略
   C. 项目建议书较为详尽
   D. 项目建议书与初步可行性研究报告之间的差别，主要是对研究成果具体阐述的详略

5. 企业发展规划需要在竞争博弈复杂的市场环境下，及时进行动态修正以及调整，需要不断地更新和创造新的核心能力以及竞争优势，体现了（　　）特点。
   A. 时效性
   B. 前瞻性
   C. 可操作性
   D. 认同性

6. 产业发展规划要充分考虑发展条件和投资意向，通过有效的措施将规划的内容转化为切实可行的实施方案，这体现了产业发展规划报告编制原则中的（　　）。
   A. 前瞻性原则
   B. 合规性原则
   C. 产业关联原则
   D. 可操作性原则

7. 企业发展规划要对近中远期进行全面部署，以近中期为主，兼顾长远发展，这体现了企业规划原则中的（　　）。
   A. 差异化原则
   B. 取舍原则
   C. 创新原则
   D. 可持续原则

8. 规划应立足于规划实施的可行性和预见性，协调好近期建设与远景规划的关系，适应产业发展的不确定性，规划方案保持一定的灵活性，这体现了园区发展规划编制原则的（　　）发展原则。
   A. 绿色
   B. 弹性
   C. 协同
   D. 集约

9. 下列理论与方法中，属于产业发展规划分析阶段中定性研究方法的是（　　）。
   A. 层次分析法
   B. 非参数统计分析法
   C. PEST 分析
   D. 标杆分析

10. 产业规划根据需要进行市场结构分析，从而判断市场发展程度和影响因素。下列不属于

市场结构分类标准或依据的是（　　　）。

    A. 产品间的竞争规律   B. 生产商的产品特征

    C. 生产商数量的多少   D. 生产商进出市场的难易程度

11. 下列属性指标中，属于内部属性竞争力的是（　　　）。

    A. 研发能力和制造能力   B. 营销能力和整合能力

    C. 产品能力和资源能力   D. 决策能力和执行能力

12. 企业发展规划报告编制重点是要做好规划分析、规划定位、规划实施方案三方面工作。在规划分析阶段要完成的工作内容是（　　　）。

    A. 企业现状调查与分析   B. 预测规划效果

    C. 制定规划实施计划   D. 提出保障和支撑体系建设

13. 规划环境影响评价方法中的，属于规划实施生态环境压力分析的是（　　　）。

    A. 矩阵分析   B. 负荷分析   C. 叠图分析   D. 现场踏勘

14. 下列土地生态评价指标中，属于约束性指标的是（　　　）。

    A. 生物丰度指数   B. 水网密度指数

    C. 环境限制指数   D. 土地胁迫指数

15. 需要核准的建设项目在项目申请书（报告）核准前，由（　　　）提出预审申请。

    A. 建设单位   B. 自然资源主管部门

    C. 咨询机构   D. 城市规划主管部门

16. 建设项目用地预审文件的有效期为（　　　）年。

    A. 1   B. 10   C. 5   D. 3

17. 产品方案需要在（　　　）的基础上形成。

    A. 产品比较   B. 产品定价

    C. 产品调查   D. 产品组合研究

18. 建设项目的公用和辅助工程一般不包括（　　　）。

    A. 给水排水工程   B. 供电与通信工程

    C. 供热工程   D. 防洪设施

19. 某建设项目新水量为 $4500m^3/h$，外排高含盐水量 $30m^3/h$，则该项目新水利用系数为（　　　）。

    A. 95.86%   B. 98.68%   C. 99.33%   D. 99.43%

20. 项目投资估算的范围应与项目建设方案所确定的（　　　）相一致。

    A. 产品组合方案   B. 各项工程内容

    C. 实施进度计划   D. 总图运输方案

21. 下列项目的可行性研究中，应进行经济分析的是（　　　）。

    A. 大型商业产业项目   B. 大型水利水电综合开发

    C. 商业化游乐开发项目   D. 玩具厂建设项目

22. 关于各行业项目可行性研究报告特点的说法，正确的是（　　　）。

    A. 水利水电项目应重点研究项目的节能减排效果

    B. 农业开发项目受市场需求影响不大，效益与费用的不确定性较小

    C. 文教卫生项目应根据项目的服务范围确定项目的建设规模

    D. 公共医疗卫生设施类项目经济评价应以财务分析为主、经济分析为辅

23. 关于政府和社会资本合作（PPP）模式适用情况的说法，正确的是（　　　）。

    A. PPP 模式主要适用于政府有责任提供又不适宜市场化运作的项目

    B. PPP 模式主要适用于基础设施和公共服务类项目

C. PPP 模式主要适用于政府和社会资本短期合作的项目

D. PPP 模式主要适用于社会资本收益较高、政府付费较低的经营性项目

24. 下列关于风险投资特点的说法中，正确的是（   ）。

A. 风险投资的预期收益比传统投资方式低

B. 风险投资与传统产业投资相比，期限较长

C. 投资回报主要来源于企业生产经营利润或股权的转让

D. 风险投资主要处于成熟阶段的产业或产品

25. 项目申请书（报告）在回答项目建设的外部性和公共性事项时，其目的是（   ）。

A. 展示项目的技术创新点和市场潜力

B. 强调项目团队的执行能力和经验

C. 详细说明项目的财务预算和盈利预测

D. 为核准机关对项目进行核准提供依据

26. 对拟建项目进行咨询评估报告时，项目建设必要性评估内容包括（   ）。

A. 评估项目是否符合增强自主创新能力的要求

B. 评估拟建项目的工程技术方案是否符合有关产业结构调整

C. 评估拟建项目目标及功能定位是否合理

D. 评估拟建项目和项目建设单位是否符合有关行业准入标准的规定

27. 下列评估内容，属于节能方案评估的是（   ）。

A. 用能标准和节能规范评估　　　　　B. 节能计划实施方案评估

C. 节能设施建设投资评估　　　　　　D. 节能强度和总量评估

28. 企业投资项目的项目申请书（报告）编制内容中，社会影响评估的内容不包括（   ）。

A. 社会影响效果评估　　　　　　　　B. 社会适应性评估

C. 风险影响程度评估　　　　　　　　D. 社会风险及对策措施评估

29. 关于资金申请报告编制的说法，正确的是（   ）。

A. 资金申请报告文本必须自行编制

B. 资金申请报告的编制，首先要根据所申请资金的来源和性质，充分响应资金使用要求

C. 对于股份制企业，编制资金申请报告时，必须介绍所有股东情况

D. 编制资金申请报告，应提出拟申请资金数额，无须说明资金的使用范围

30. 国土空间规划中"三区三线"的"三线"是指（   ）。

A. 永久基本农田、生态保护红线和耕地占用税征收线

B. 城镇开发边界、生态保护红线和耕地占用税征收线

C. 永久基本农田、生态保护红线和经济发展目标线

D. 永久基本农田、生态保护红线和城镇开发边界

31. 关于国家发展改革委选择咨询机构进行项目评估的说法，正确的是（   ）。

A. 咨询机构应具有乙级综合资信等级

B. 可选择在全国投资项目在线审批监管平台备案但未列入公示名录的咨询机构

C. 咨询机构应具有所申请专业的甲级资信等级或具有甲级综合资信等级

D. 咨询机构应承担过总投资 3 亿元以上项目申请书（报告）评估任务 10 项以上

32. 根据《国家发展改革委投资咨询评估管理办法》（发改投资规〔2018〕1604 号），对咨询评估报告首次评价为较差的咨询机构，国家发展改革委投资司可对其做出的处罚是（   ）。

A. 不予处理　　　　　　　　　　　　B. 约谈、警告

C. 暂停其"短名单"机构资格一年　　D. 将其从"短名单"中删除

33. 关于项目建设规模研究的说法，正确的是（   ）。

A. 市场对拟建项目的产品品种、规格和数量的需求，直接影响项目拟建规模的确定

B. 合理经济规模具有最小的总成本费用

C. 合理经济规模具有最大的营业收入

D. 生产技术通常与建设规模关联不大

34. 场（厂）址的安全条件论证在（　　）阶段应形成"安全条件论证报告"。

    A. 初步可行性研究　　　　　　　　　　B. 可行性研究

    C. 项目建议书　　　　　　　　　　　　D. 投资机会研究

35. 根据生产周期、采购运输条件等，可以进一步计算出各种物料的经常储备量、保险储备量、季节储备量和物料总储备量，作为（　　）研究的依据。

    A. 生产方案　　　　　　　　　　　　　B. 物流方案

    C. 生产物流方案　　　　　　　　　　　D. 生产工艺方案

36. 某投资项目建设投资估算为 2 亿元，总用地面积 5hm²，项目建（构）筑物占地 20000m²，其中消防水池占地 3333m²，则建筑系数为（　　）。

    A. 6.6%　　　　　　　B. 33.3%　　　　　　C. 40.0%　　　　　　D. 46.7%

37. 厂外配套工程中，水源工程的编制内容中，不需要说明的是（　　）。

    A. 取供水设施的规模　　　　　　　　　B. 项目融资计划

    C. 输水线路设计　　　　　　　　　　　D. 给水水源的选择

38. 某项目建设投资为 1000 万元，流动资金为 200 万元，建设当年即投产并达到设计生产能力，年净收益为 340 万元。则该项目的静态投资回收期为（　　）年。

    A. 7.14　　　　　　　B. 3.53　　　　　　C. 2.94　　　　　　D. 2.35

39. 下列投资项目经济评价指标中，未考虑资金时间价值的是（　　）。

    A. 总投资收益率　　　　　　　　　　　B. 内部收益率

    C. 净现值　　　　　　　　　　　　　　D. 净年值

40. 关于社会评价特点的说法，正确的是（　　）。

    A. 社会评价通常要考虑国家或地区的中、远期发展要求

    B. 社会评价应着眼具体的项目评价指标

    C. 社会评价适合使用统一的量纲和指标计算

    D. 社会评价目标通常较为单一

41. 开展投资项目社会评价，对项目所在地区社会环境、文化状况能否适应项目建设和发展需要进行分析，属于（　　）。

    A. 社会风险分析　　　　　　　　　　　B. 社会可持续性分析

    C. 社会互适性分析　　　　　　　　　　D. 社会影响分析

42. 在 PPP 项目的建设实施管理中，特许经营期限原则上不超过（　　）年。

    A. 20　　　　　　　　B. 30　　　　　　　C. 40　　　　　　　D. 50

43. 建设方案比选中，若只关注备选方案之间的不同因素或某些关键重要因素进行对比分析，这种方法属于（　　）。

    A. 定量比选　　　　　B. 定性比选　　　　C. 专项比选　　　　D. 初步筛选

44. 既可能带来损失，也可能产生利益的风险是（　　）。

    A. 投机风险　　　　　B. 纯风险　　　　　C. 自然风险　　　　D. 人为风险

45. 投资项目的不同阶段存在的主要风险有所不同，政策风险和融资风险属于（　　）阶段的风险。

    A. 可行性研究　　　　B. 项目实施　　　　C. 投资决策　　　　D. 项目运营

46. 进行敏感性分析时，选取不确定因素前的工作是（　　）。

A. 计算临界点   B. 确定分析指标

C. 估计不确定因素的变化程度   D. 确定敏感因素

47. 某项目进行单因素敏感性分析的结果是：产品售价下降 10% 时内部收益率的变化率为 55%；原材料价格上涨 10% 时内部收益率的变化率为 39%；建设投资上涨 10% 时内部收益率的变化率为 50%；人工工资上涨 10% 时内部收益率的变化率为 30%。则该项目的内部收益率对（   ）最敏感。

     A. 人工工资   B. 产品售价   C. 原材料价格   D. 建设投资

48. 下列关于项目盈亏平衡分析的说法，错误的是（   ）。

     A. 盈亏平衡点可以采用公式计算法求取，也可以采用图解法求取

     B. 在线性盈亏平衡分析中，总成本费用是产量的线性函数

     C. 在盈亏平衡分析图中，销售收入线与固定成本线的交点即为盈亏平衡点

     D. 盈亏平衡分析最好选择还款期间的第一个达产年和还清借款以后的年份分别计算

49. 对投资项目进行风险识别时，将一个复杂系统分解为若干子系统进行分析的方法是（   ）。

     A. 情景分析法   B. 故障树法

     C. 基于影响图的解析法   D. 风险结构分解法

50. 某产品市场销量估计为每年 1200t，为了分析销量的风险情况，请 3 位专家对其销量可能出现的状态及其分布进行预测（见下表），则专家估计的销量期望值是（   ）t。

专家	销量/（t/年）		
	1000	1200	1400
	概率（%）		
1	50	20	30
2	40	20	40
3	30	40	30

     A. 1120   B. 1161   C. 1187   D. 1440

51. 下列属于投资项目风险中政策风险的是（   ）。

     A. 主要管理者的道德水平   B. 产业政策的调整

     C. 工程地质情况   D. 消费者的消费习惯

52. 项目由于选址不当，导致当地居民反对，这种风险属于（   ）。

     A. 市场风险   B. 政策风险

     C. 环境与社会风险   D. 技术与工程风险

53. 下列风险估计方法中，基于个人经验、预感或直觉而估算出来概率的方法是（   ）。

     A. 客观概率估计   B. 主观概率估计

     C. 概率树分析   D. 蒙特卡洛模拟

54. 某项目产品价格符合正态分析，专家调查的期望值为 100，方差为 10，则其离散系数为（   ）。

     A. 3.16   B. 0.032   C. 0.1   D. 10

55. 关于采用蒙特卡洛模拟法进行项目风险概率模拟的说法，正确的是（   ）。

     A. 输入变量分解过细，有可能造成变量之间有相关性

     B. 输入变量可以是相互独立的，也可以是不独立的

     C. 输入变量分解越粗，模拟结果可靠性越高

     D. 模拟次数过多，会导致模拟结果可靠性降低

56. 建立应急储备，安排一定的时间、资金或资源来应对风险属于风险对策中的（   ）。

A. 风险自留   B. 风险转移

C. 风险减轻   D. 风险回避

57. 在进行社会稳定风险调查时，调查的内容包括（　　）。

A. 项目负责人的个人经验   B. 拟建项目的合法性

C. 项目的经济效益预测   D. 项目的施工难度

58. 工程项目决策分析阶段体现风险应急管理的文本形式是（　　）。

A. 风险应急预案   B. 项目进展报告

C. 风险清单   D. 风险对照检查表

59. 条件具备时，可采用定量评价方法对项目成功度进行评定。其中项目的大部分指标都已全面实现，且在经济上取得了预期效益和影响，该项目评定为（　　）。

A. 较差项目   B. 中等项目   C. 良好项目   D. 优秀项目

60. 在中央政府投资后评价工作中，项目单位应在（　　）向国家发展改革委报送项目自我总结评价报告。

A. 项目后评价年度计划下达后 1 个月内

B. 项目后评价年度计划下达后 3 个月内

C. 项目建成投入使用后立即

D. 项目运营满 1 年后

二、多项选择题（共 35 题，每题 2 分。每题的备选项中，有 2 个或 2 个以上符合题意，至少有 1 个错项。错选，本题不得分；少选，所选的每个选项得 0.5 分）

61. 某市为了提高市民生活质量，满足市民用水需求，拟投资 1.5 亿元建设日生产能力 30 万 t 的水厂，要求项目投资所得税后财务内部收益率达到 5%。关于该项目目标的说法，正确的有（　　）。

A. 宏观目标是提高市民生活质量

B. 功能目标是完成 1.5 亿元投资额

C. 市场目标是满足市民用水需求

D. 规模目标是 30 万 t/日的生产能力

E. 效益目标是项目投资所得税后财务内部收益率达到 5%

62. 关于政府投资项目与企业投资项目决策的说法，正确的有（　　）。

A. 政府投资项目由政府直接投资、注入资本金、投资补助、转贷和贷款贴息

B. 企业投资项目采用直接投资、合作投资等方式，也可以使用政府性资金

C. 政府投资资金一般只投向市场不能有效配置资源的公共领域项目，原则上不直接投资经营性项目

D. 政府投资项目实行项目核准制，企业投资项目实行审批制

E. 政府投资项目与企业投资项目决策依据均为项目建议书

63. 在项目决策分析与评价中，应完成的任务包括（　　）。

A. 计算项目的盈利能力、偿债能力与财务生存能力

B. 提出防范和降低风险的措施

C. 分析项目目标的可能实现程度

D. 确定施工单位和施工组织计划

E. 提出并推荐企业经营管理方案

64. 可行性研究与初步可行性研究的区别主要有（　　）。

A. 目的与作用不同

B. 研究论证的重点不同

C. 研究方法和深度要求不同

D. 信息收集和资料拥有程度以及基础数据不同

E. 构成和内容不同

65. 产业规划所关注的外部环境分析主要包括（　　）。

A. 生产力要素条件分析　　　　　B. 宏观环境分析

C. 资源条件分析　　　　　　　　D. 行业环境分析

E. 竞争环境分析

66. 为了能够制订出合理、有效、可操作性强的园区发展规划，应该遵守（　　）。

A. 绿色发展原则　　　　　　　　B. 集约发展原则

C. 可持续发展原则　　　　　　　D. 弹性发展原则

E. 针对性原则

67. 根据《规划环境影响评价技术导则产业园区》（HJ 131—2021）规定，重点碳排放行业为主导产业的产业园区，重点从（　　）等方面，论证园区产业定位、产业结构、能源结构、重点涉碳排放产业规模的环境合理性。

A. 资源能源利用管控约束

B. 能源利用效率提升

C. 资源与环境承载状态

D. 与区域、行业的碳达峰和碳减排要求的符合性

E. 废物的节能与低碳化处置程度

68. 下列评价指标中，属于土地开发利用效益指标的有（　　）。

A. 工业用地建筑系数　　　　　　B. 复种指数

C. 粮食单产　　　　　　　　　　D. 工业用地地均税收

E. 城乡建设用地地均 GDP

69. 建设用地项目环境效益分析评价内容包括（　　）。

A. 评价项目是否符合国家建设用地环境评价标准的要求

B. 评价项目是否符合整体景观布局要求

C. 分析评价项目的土地资源利用水平和指标是否符合国家有关规定要求

D. 评价项目是否符合土地资源结构调整方向

E. 评价项目是否应用构建节约型社会理念实现资源能源的节约和循环利用

70. 建设项目用地预审的原则包括（　　）。

A. 不能占用基本农田　　　　　　B. 保证建设用地比例不降低

C. 符合国家供地政策　　　　　　D. 节约和集约利用土地

E. 符合土地利用总体规划

71. 下列文件资料中，属于项目可行性研究依据的有（　　）。

A. 经投资主管部门审批的投资概算

B. 经投资各方审定的初步设计方案

C. 建设项目环境影响评价报告书

D. 合资、合作项目各投资方签订的协议书或意向书

E. 项目建议书（初步可行性研究报告）

72. 关于投资项目可行性研究报告深度要求的说法，正确的有（　　）。

A. 对项目可能的风险做必要的提示

B. 主要工程技术数据能满足施工图设计的要求

C. 主要设备的规格、参数能满足预订货的要求

D. 重大技术、财务方案应有三个以上方案的比选

E. 投资估算与成本估算应采用扩大指标估算法

73. 下列项目可行性研究报告编制内容中，属于市场风险因素识别内容的有（　　）。

A. 分析各种新竞争对手的加入对市场的影响

B. 分析各风险因素对项目的影响程度，判定风险等级

C. 定量分析项目的主要风险因素

D. 分析市场竞争的程度，出现恶性竞争或出现垄断竞争对市场产生的影响

E. 分析技术进步和新技术进展，预测新产品和新替代品投放市场后对市场产生的影响

74. 项目的融资渠道分析应包括的内容有（　　）。

A. 提出资金构成的建议

B. 政府资金介入的必要性和可能性分析

C. 吸收其他不同渠道资金的必要性和可能性分析

D. 社会资金介入的必要性分析

E. 提出资金去向的建议

75. 并购价格估算方法包括（　　）。

A. 成本法
B. 收益现值法
C. 估价法
D. 市场比较法
E. 账面价值调整法

76. 关于非经营性项目财务分析的说法，正确的有（　　）。

A. 非经营性项目财务分析是项目可否投资建设的主要依据

B. 非经营性项目财务分析的工作是进行项目投资估算及融资安排

C. 非经营性项目财务分析内容根据项目收支平衡情况有所区别

D. 非经营性项目应结合借款偿还要求进行财务生存能力分析

E. 非经营性项目财务分析的数据可用于方案比选

77. 关于项目可行性研究报告中总图运输的说法，正确的有（　　）。

A. 全场运输应全部依托合建运输力量

B. 改、扩建和技术改造项目，要介绍原有企业总图、运输等情况

C. 厂区内应考虑人流和货流同道以节省土地

D. 总体布置中，近期集中布置，远期预留发展，分期征地，严禁先征待用

E. 自然地形坡度较大，应做竖向方案比较

78. 高技术产业化项目资金申请报告的内容包括（　　）。

A. 项目单位的基本情况和财务状况

B. 贷款使用范围

C. 经济分析和财务评价结论

D. 申请国家补贴资金的主要理由和政策依据

E. 申请国家补贴资金500万元及以上的投资项目招标内容

79. 境外投资项目申请书（报告）的内容包括（　　）。

A. 投资意向书

B. 投资主体情况

C. 项目预期的市场回报率和盈利预测

D. 投资主体关于项目真实性的声明

E. 项目名称、投资目的地、主要内容和规模、中方投资额

80. 关于特殊项目场（厂）址方案选择要求的说法，正确的有（　　）。

A. 储存场、填埋场不得选在生态保护红线区域、永久基本农田集中区域

B. 储存场、填埋场不得选在江河、湖泊、运河、渠道、水库最高水位线以下的滩地和岸坡

C. 储存场、填埋场的防洪标准应按重现期不小于 50 年一遇的洪水位设计

D. 填埋场场址天然基础层的饱和渗透系数不应大于 $1.0 \times 10^{-5} \, cm/s$，且其厚度不应小于 3m

E. 填埋场场区的区域稳定性和岩土体稳定性良好，渗透性低，没有泉水出露

81. 下列关于建设项目技术和设备来源的说法，正确的有（   ）。

A. 技术来源与选择主要受资金来源的制约

B. 采用国外技术与设备更加节能减排

C. 技术设备选择要经过多方案比选

D. 有些设备可以与国外公司合作制造

E. 尚无制造业绩的新设备，可以通过招标确定企业研发，通过技术论证后批量制造使用

82. 集聚因素是项目选址应关注的区域因素之一，集聚效应可带来的好处有（   ）。

A. 延长产品生命周期   B. 资源共享

C. 节约建设投资   D. 降低劳动力成本

E. 缩短建设周期

83. 对企业申请中央预算内投资补助、转贷和贷款贴息项目的资金申请报告进行咨询评估，主要评估要点包括（   ）。

A. 项目的主要建设条件是否基本落实

B. 是否符合有关工作方案的要求

C. 提交的相关文件是否齐备、有效

D. 是否符合中央预算内投资的使用方向

E. 是否已按规定履行审批、核准或备案手续

84. 投资项目场（厂）址选择，应关注场（厂）址工程地质条件，尽可能避开（   ）的区域。

A. 可能发生地震危险   B. 大江、大河周边

C. 地下可能有文物存在   D. 地基土性质严重不良

E. 地下水对建筑物有严重不良影响

85. 关于总图运输方案技术经济指标的说法，正确的有（   ）。

A. 固定资产投资强度按项目固定资产总投资占项目总用地面积计算

B. 容积率、建筑系数属于工业项目建设用地指标中规范性指标

C. 建筑物层高超过 7m，计算容积率时该层建筑面积加倍计算

D. 工业项目行政办公及生活服务设施用地所占比重不得超过 8%

E. 总图运输方案技术经济指标可用于多方案比较或与国内外同类先进工厂的指标对比

86. 下列关于内部收益率的说法，正确的有（   ）。

A. 内部收益率可随折现率的变动而变动

B. 内部收益率是指项目净现值为零时所对应指标的收益率

C. 内部收益率指标考虑了资金的时间价值以及整个计算期内的经济状况

D. 内部收益率仅适用于常规现金流量项目，且要求项目的现金流入、现金流出均可用货币计量

E. 内部收益率指标依赖于方案"外部"的基准收益率

87. 项目的社会可持续性分析包括（   ）。

A. 项目所在地区居民对社会可持续性的影响分析

B. 社会效果的可持续程度

C. 项目所在地政府对社会可持续性的影响分析

D. 项目受损者对社会可持续性的影响分析

E. 项目受益者对社会可持续性的影响分析

88. 社会评价中，对需要特殊关注的弱势群体应侧重进行的分析有 （　　）。

A. 性别分析 　　　　　　　　　　 B. 贫困分析

C. 少数民族分析 　　　　　　　　 D. 受损群体分析

E. 非自愿移民分析

89. 关于风险估计的主观概率估计法的具体步骤，下列说法正确的有 （　　）。

A. 整理专家组成员的意见和意见分歧情况，计算专家意见的期望值，并反馈给专家组

B. 专家组成员需要由熟悉该风险因素现状、发展趋势的专家，有经验的工作人员组成

C. 估计某一变量可能会出现的状态范围，由每个专家独立使用书面形式进行反映

D. 专家组讨论并且分析产生意见分歧的原因，由成员重新背对背独立填写变量可能出现的状态范围，直至满足要求值为止

E. 专家组讨论并且分析意见分歧的原因这个阶段只能循环 2 次，否则对获得专家们的真实意见不利

90. 描述风险概率分布的指标主要有 （　　）。

A. 期望值 　　　　　　　　　　　 B. 方差

C. 中位数 　　　　　　　　　　　 D. 离散系数

E. 极差

91. 风险评价是在项目风险识别和风险估计的基础上，对风险程度进行划分，揭示影响项目成败的关键风险因素，并采取防范对策。风险评价的工作内容包括 （　　）。

A. 确定风险评价基准 　　　　　　 B. 确定项目的风险水平

C. 确定项目风险等级 　　　　　　 D. 确定项目存在的风险因素

E. 确定项目风险发生的间接表现

92. 可行性研究阶段的风险对策研究是整个项目风险管理的重要组成部分，关于对策研究的说法，正确的有 （　　）。

A. 风险对策研究应贯穿于可行性研究的全过程

B. 风险对策应具针对性

C. 风险对策应具有经济性

D. 风险对策应有可行性

E. 风险对策研究仅是项目承包方的任务

93. 按照项目类别划分，项目后评价可以分为 （　　）。

A. 建设工程项目后评价 　　　　　 B. 专项后评价

C. 并购项目后评价 　　　　　　　 D. 全面后评价

E. 项目规划后评价

94. 在评价项目 HSE （健康、安全和环保）管理时，需要评价的内容有 （　　）。

A. 工程质量验收报告中的合格率

B. 其实施是否达到国家、地方、行业及企业的有关标准要求

C. HSE 的控制措施和制度的执行情况

D. 是否通过专项验收

E. HSE 管理目标实现程度

95. 项目后评价成果的反馈形式包括（   ）。

A. 项目后评价报告或出版物

B. 项目后评价信息管理系统

C. 公众监督

D. 行业内部研讨和培训

E. 成果反馈讨论会

2025 年全国注册咨询工程师（投资）职业资格考试
预测试卷（一） 参考答案

1. D	2. B	3. B	4. D	5. A
6. D	7. D	8. B	9. C	10. A
11. D	12. A	13. B	14. C	15. A
16. D	17. D	18. D	19. C	20. B
21. B	22. C	23. B	24. C	25. D
26. C	27. A	28. C	29. B	30. D
31. C	32. B	33. A	34. B	35. C
36. C	37. B	38. B	39. A	40. A
41. C	42. C	43. D	44. A	45. C
46. B	47. B	48. C	49. C	50. C
51. B	52. C	53. B	54. B	55. A
56. A	57. B	58. A	59. C	60. B
61. ADE	62. AC	63. ABC	64. ABCD	65. BDE
66. ABDE	67. ACD	68. CDE	69. ABC	70. ACDE
71. DE	72. AC	73. ADE	74. ABC	75. ABDE
76. CDE	77. BDE	78. ADE	79. BDE	80. ABCE
81. CDE	82. BCE	83. ABCD	84. ADE	85. ABE
86. BCD	87. BDE	88. ABCE	89. ABCD	90. ABD
91. ABC	92. ABCD	93. ACE	94. BCDE	95. ABDE

2025年全国注册咨询工程师（投资）职业资格考试
预测试卷（二）

一、单项选择题（共60题，每题1分。每题的备选项中，只有1个最符合题意）

1. 关于项目目标的说法，正确的是（　　　）。
    A. 项目目标一般包括直接目标和间接目标两个层次
    B. 具体目标是指对项目建设规模所确定的目标值
    C. 不同性质项目的具体目标是有区别的
    D. 不同性质项目的宏观目标是相同的

2. 下列方法中，经常用于产业规划的市场需求分析，判断市场成长性和影响因素的是（　　　）。
    A. 波特五力模型法　　　　　　　　B. 需求弹性法
    C. 抽样调查法　　　　　　　　　　D. 头脑风暴法

3. 咨询工程师（投资）存在（　　　）行为，由中国工程咨询协会通报批评并收回执业专用章。
    A. 备案信息与实际情况不符　　　　B. 累计两次未在规定时限内完成评估任务
    C. 咨询成果存在严重的质量问题　　D. 涂改、转让登记证书

4. 投资项目决策在调查研究的基础上，甄别数据合理性，保证数据来源可靠、计算口径一致和评价指标可比，保证分析结论真实可靠。该做法体现了投资决策原则中的（　　　）。
    A. 科学决策原则　　　　　　　　　B. 民主决策原则
    C. 效益（效果）最大化原则　　　　D. 风险责任原则

5. 投资机会研究的重点是（　　　）。
    A. 投资政策研究　　　　　　　　　B. 分析投资环境
    C. 税收政策研究　　　　　　　　　D. 供需分析

6. 可行性研究报告与项目申请报告的主要区别不包括（　　　）。
    A. 适用范围和作用不同　　　　　　B. 目的不同
    C. 内容不同　　　　　　　　　　　D. 信息资料收集不同

7. 下列关于项目前期咨询成果质量保证的说法中，正确的是（　　　）。
    A. 加强项目内部评审是确保最终成果质量的重要手段
    B. 质量评审包括内部评审、外部评审和综合评审
    C. 项目经理责任制是保证项目前期咨询成果质量的基础
    D. 建设项目前期咨询成果一般用定量标准来衡量和评价

8. 企业发展规划对于制订企业各项具体目标具有重要的指导作用，对企业选择投资方向、企业战略制订、企业资源优化配置、（　　　）等都具有引导和约束作用。
    A. 企业组织架构设计　　　　　　　B. 区域产业优势组合
    C. 产业合理有序发展　　　　　　　D. 发展目标和总体布局

9. 下列园区发展规划的编制原则中，属于绿色发展原则的是（　　　）。
    A. 严格执行工业项目用地控制指标　B. 严守资源消耗上限
    C. 基础设施一体化　　　　　　　　D. 产业链条延伸合理

10. 企业发展规划报告编制重点是要做好（　　　）三方面工作。
    A. 规划制订、规划实施方案、规划检查　　B. 规划分析、规划定位、规划实施方案

C. 规划研究、规划分析、规划实施方案　　D. 规划调查、规划分析、实施与检查

11. 企业发展规划的外部环境分析可分成宏观、中观、微观三个层面，其中中观层面重点进行（　　）。

    A. PEST 分析　　　　　　　　　　　　B. 行业和市场分析

    C. 企业经营环境分析　　　　　　　　　D. 层次分析

12. 关于规划环境影响评价的说法，错误的是（　　）。

    A. 应当将环境影响评价的篇章或说明作为规划草案的组成部分一并报送规划审批机关

    B. 规划环境影响评价方法选择不当的，应修改并重新审查规划环境影响报告书

    C. 依据现有知识水平和技术条件无法开展规划环境影响评价的，可暂时免除环境影响评价

    D. 已批准的规划发生重大调整的，应重新或补充进行环境影响评价

13. 关于规划环境影响评价适用情形的说法，正确的是（　　）。

    A. 编制综合性规划，应根据规划实施后可能对环境造成的影响，编制环境影响报告书

    B. 编制农业、林业、水利资源开发类的专项规划，可不进行环境影响评价

    C. 需编制专项规划的均应编制环境影响报告书

    D. 需编制环境影响报告书的专项规划，应当在规划草案报送前审批

14. 对农用地项目综合利用效果分析评价时，尽量采用（　　）进行量化分析。

    A. 价值法　　　　B. 统计法　　　　C. 对比法　　　　D. 匡算法

15. 下列项目可行性研究报告编制的内容中，属于产品竞争力优劣势分析编制内容的是（　　）。

    A. 目标市场选择与结构分析　　　　　　B. 产品需求周期性分析

    C. 主要用户分析　　　　　　　　　　　D. 产品质量与结构分析

16. 在竞争环境分析中，强调通过（　　）角度来寻求产业发展的比较优势。

    A. 全球经济一体化　　　　　　　　　　B. 区域经济发展差异化

    C. 技术创新速度　　　　　　　　　　　D. 政策法规的完善程度

17. 下列关于可行性研究中对公用与辅助工程方案设计要求的说法，正确的是（　　）。

    A. 依托老厂建立的供电工程，应说明老厂提供的供电设施，无须说明使用条件和价格

    B. 公用与辅助工程包括水源及输水管道

    C. 公用与辅助工程方案不需要说明单元用电负荷

    D. 对于供热工程新建项目应重点论述场（厂）址周围的依托情况

18. 某建设项目，重复利用水量 19093m³/h，新水量为 1813m³/h。则水的重复利用率是（　　）。

    A. 9.50%　　　　B. 90.51%　　　　C. 91.33%　　　　D. 94.95%

19. 建设工期一般是指从拟建项目（　　）之日到项目全面建成投产或交付使用所需要的全部时间。

    A. 临时设施开工　　　　　　　　　　　B. 开工报告批准

    C. 施工许可证批准　　　　　　　　　　D. 永久性工程开工

20. 下列财务分析指标中，属于盈利能力静态指标的是（　　）。

    A. 项目财务净现值　　　　　　　　　　B. 项目资本金财务内部收益率

    C. 项目投资内部收益率　　　　　　　　D. 经济增加值

21. 下列关于经济费用效益分析作用的说法，错误的是（　　）。

    A. 通过经济费用效益分析可以明确项目对社会经济的贡献，评价企业利益

    B. 根据经济费用效益分析结论政府可对财务效益好、经济效益差的项目进行限制

    C. 根据经济费用效益分析结论政府可对财务效益差、经济效益好的项目予以鼓励

    D. 根据经济费用效益分析结论对项目进行调控有助于实现企业利益、地区利益和全社会

利益的有机结合

22. 关于公共建筑项目可行性研究的说法，正确的是（　　）。
    A. 社会需求与服务是重点分析内容
    B. 设计方案重在提升土地利用价值
    C. 财务分析以盈利能力分析为主
    D. 经济分析主要计算费用效益比

23. 并购效益包括企业自身的效益和由于并购带来的企业整体协同效益。其中企业自身的效益包括（　　）。
    A. 资本经营效益、基础价值、战略价值
    B. 直接使用价值、经济增加值、市场增加值
    C. 间接使用价值、经济增加值、内在价值
    D. 资本经营效益、经济增加值、市场增加值

24. 对有营业收入项目财务分析时，营业收入补偿费用的顺序是（　　）。
    A. 支付运营维护成本→缴纳流转税→偿还借款利息→计提折旧、摊销→偿还借款本金
    B. 计提折旧、摊销→缴纳流转税→支付运营维护成本→偿还借款利息→偿还借款本金
    C. 缴纳流转税→支付运营维护成本→计提折旧、摊销→偿还借款利息→偿还借款本金
    D. 支付运营维护成本→缴纳流转税→偿还借款利息→偿还借款本金→计提折旧、摊销

25. 在项目申请书（报告）中，政府应重点关注的内容是（　　）。
    A. 项目财务效益是否最大
    B. 项目是否对经济安全和社会安全造成危害
    C. 项目产品的市场竞争力
    D. 项目对政府财税收入的贡献

26. 规划评估的发展思路和规划目标评估应按照（　　）等要求，结合基础条件及发展状况的分析评价，对规划主体发展的指导思想、发展思路、功能定位和规划目标（体系）进行评估并提出意见及调整建议。
    A. 规划视野宏观性、规划思维战略性、规划目标恰当性
    B. 规划目标恰当性、规划体系衔接性、规划方案可行性
    C. 规划目标恰当性、规划体系衔接性、规划思维战略性
    D. 规划方案可行性、规划实施可靠性、规划目标恰当性

27. 对企业投资项目申请书（报告）进行核准评估时，不需要评估的内容是（　　）。
    A. 申报单位是否具备承担项目的能力
    B. 拟建项目是否符合行业准入核准
    C. 拟建项目是否对行业发展、区域经济产生影响
    D. 项目建设及运营模式是否与企业发展战略相适应

28. 下列项目申请书（报告）评估内容中，属于境外投资项目独有评估内容的是（　　）。
    A. 是否违反我国缔结或参加的国际公约
    B. 是否对公众利益产生重大不利影响
    C. 是否符合国家资本项目管理要求
    D. 是否符合节约用地政策

29. 对于政府投资的资源开发类项目，在项目可行性研究中，除了基本的项目概述外，还需要特别关注的是（　　）。
    A. 项目所在地的市场需求分析
    B. 可开发资源量的详细评估及开发方案
    C. 项目投资回报率的预测
    D. 项目对当地就业率的提升计划

30. 合理经济规模可以使项目（　　）。
    A. 利润总额达到行业最高
    B. 投资额达到行业最低
    C. 产品产量达到行业最高
    D. 所需资源得到充分利用

31. 下列关于生产工艺技术方案比选的说法中，错误的是（　　）。

A. 工艺技术方案比选通常采用定性分析的方法进行

B. 可以利用占地面积、定员等指标进行综合分析

C. 工艺技术方案比选的内容与行业特点有关

D. 对风险因素进行定量或定性分析，主要包括影响技术先进性、适用性和可靠性的因素

32. 在考虑引进国外设备时，不需要重点研究的内容是（　　）。

    A. 工艺的成熟可靠性   B. 技术的先进性和稳定性

    C. 设备制造商的营销策略   D. 关键设备在样板厂的使用情况

33. 关于总图运输方案研究的说法，正确的是（　　）。

    A. 用地范围内可以建造"花园式工厂"   B. 合理确定厂区通道宽度

    C. 建筑物、构筑物等应联合单层设置   D. 分期建设的项目应统一征地，先征待用

34. 下列属于投资项目总图运输方案设计中竖向布置具体工作的是（　　）。

    A. 确定厂区绿化方案   B. 确定场地排水方式

    C. 确定场地功能区   D. 确定厂区运输方案

35. 根据《地震安全性评价管理条例（2019 年修正本)》，下列必须进行地震安全性评价的建设工程是（　　）。

    A. 跨市界的桥梁建设工程   B. 小型水库大坝建设工程

    C. 一般的办公楼翻新工程   D. 普通的住宅小区建设工程

36. 各个方案之间在技术经济、现金流量、资金使用等方面相互影响，不完全互斥也不完全依存，但任何一个方案的取舍会导致其他方案的变化，这种方案关系类型是（　　）。

    A. 独立型关系   B. 互补型关系

    C. 相关型关系   D. 从属型关系

37. 某投资项目计算期现金流量见下表，该投资项目的静态投资回收期为（　　）年。

年份	0	1	2	3	4	5
净现金流量/万元	−1000	−500	600	800	800	800

    A. 2.143   B. 3.125   C. 3.143   D. 4.125

38. 当折现率分别取 12%、14% 和 16% 时，某项目对应的净现值为 221.45 万元、81.75 万元和 −30.15 万元。则该项目的内部收益率为（　　）。

    A. 13.46%   B. 15.17%   C. 15.46%   D. 15.52%

39. 下列关于投资方案经济评价指标的说法，正确的是（　　）。

A. 投资收益率指标考虑了资金时间价值

B. 内部收益率能直接衡量方案未收回投资的收益率，但是需要事先确定一个基准收益率

C. 项目的净现值是反映投资方案在计算期内获利能力的相对指标

D. 费用现值指标的计算不考虑方案的收益，但需考虑方案的投资和经营成本支出及资产的余值回收

40. 有甲、乙、丙三个独立项目，寿命期相同，初始投资额、年净收益、净现值见下表，已知行业财务基准收益率为 10%，投资人的资金限制为 1000 万元，用净现值法选择的项目是（　　）。

项目	甲	乙	丙
初始投资额/万元	300	400	500
年净收益/万元	50	70	100
净现值/万元	30.58	40.87	60.45

    A. 甲和乙   B. 乙和丙   C. 甲和丙   D. 甲、乙和丙

41. 某项目有甲、乙、丙、丁四个可行方案，投资额和年经营成本见下表。

方案	甲	乙	丙	丁
投资额/万元	800	800	900	1000
年经营成本/万元	100	110	100	70

若基准收益率为10%，采用增量投资收益率比选，最优方案为（　　）方案。

A. 甲   B. 乙   C. 丙   D. 丁

42. 采用增量投资内部收益率（ΔIRR）法比选计算期相同的两个可行互斥方案时，基准收益率为 i_c，则保留投资额大的方案的前提条件是（　　）。

A. $\Delta IRR > 0$
B. $\Delta IRR < 0$
C. $\Delta IRR \geqslant i_c$
D. $\Delta IRR < i_c$

43. 建设项目社会评价需要从国家、地方、社区三个不同的层面进行分析，做到（　　）。

A. 粗略分析与详细分析相结合
B. 静态分析与动态分析相结合
C. 社会分析与环境分析相结合
D. 宏观分析与微观分析相结合

44. 在进行社会评价时，分析民族矛盾、宗教问题，属于（　　）。

A. 社会影响分析
B. 社会互适性分析
C. 社会风险分析
D. 社会环境分析

45. 开展投资项目社会评价，进行项目与所在地区的互适性分析时，要考虑的社会因素包括不同利益相关者的态度，当地社会组织的态度和（　　）。

A. 对财政收入的影响
B. 对居民收入的影响
C. 移民安置的问题
D. 当地社会环境条件

46. 项目进入运营阶段后，社会评价的主要目的是（　　）。

A. 预测可能的社会影响
B. 初步识别社会风险因素
C. 分析实际发生的社会影响及利益相关者的反应
D. 修正前期阶段的社会评价结论

47. 关于定量分析方法的说法，正确的是（　　）。

A. 定量分析不需要任何数学公式或模型
B. 定量分析一般需要有统一的量纲、计算公式和判别标准
C. 定量分析可以完全脱离定性分析独立进行
D. 定量分析指标能够完全描述事物变化过程中内在因素的细致变化

48. 社会评价的实施，首先应（　　）。

A. 识别社会因素
B. 进行社会分析
C. 调查社会资料
D. 制订社会管理方案

49. 风险是否发生，风险事件的后果如何都是难以确定的。但是可以通过历史数据和经验，对风险发生的可能性和后果进行一定的分析预测。这表明风险具有（　　）的特点。

A. 客观性
B. 可变性
C. 阶段性
D. 多样性

50. 按照投资项目风险的边界划分，属于内部风险的是（　　）。

A. 组织管理风险
B. 政策风险
C. 自然风险
D. 市场风险

51. 关于敏感性分析的说法，正确的是（　　）。

A. 敏感性分析仅适用于财务分析

B. 敏感程度表明了敏感因素发生的概率

C. 敏感度系数与不确定因素的变化率无关

D. 多因素敏感性分析是对同时改变两个或两个以上因素的情况进行分析

52. 某投资项目达产后每年的可变成本为 4000 万元，产品销售单价为 23 万元/t，营业收入与成本费用均采用不含税价格，单位产品税金及附加为 0.2 万元/t，项目设计生产能力为 500t。在采用生产能力利用率表示的盈亏平衡点为 60% 的情况下，其年总固定成本为 （　　） 万元。

A. 1704　　　　　　B. 2840　　　　　　C. 2900　　　　　　D. 4440

53. 某公司生产单一产品，设计年生产能力为 3 万件，单位产品的售价为 380 元/件，单位产品可变成本为 120 元/件，单位产品税金及附加为 70 元/件，年固定成本为 285 万元，成本费用均采用不含税价格。该公司盈亏平衡点的产销量为 （　　） 件。

A. 20000　　　　　　B. 19000　　　　　　C. 15000　　　　　　D. 7500

54. 某投资项目在三种前景下的净现值和发生概率见下表。按该表数据计算的净现值期望值为 （　　） 元。

前景	净现值/元	概率
较好	60000	0.25
好的	100000	0.50
差的	40000	0.25

A. 25000　　　　　　B. 37500　　　　　　C. 66667　　　　　　D. 75000

55. 采取概率树分析法进行投资项目风险分析时，输入和输出变量应满足的条件是 （　　）。

A. 变量服从 β 分布　　　　　　B. 变量服从连续分布

C. 变量服从正态分布　　　　　　D. 变量服从离散分布

56. 风险评价要采用一定的指标体系和评价标准对风险程度进行评价，以揭示关键风险因素。下列评价方法中，属于单因素风险评价方法的是 （　　）。

A. 流程图分解法　　　　　　B. 风险概率矩阵法

C. 情景分析法　　　　　　D. 风险概率分析法

57. 为了应对风险接受，可以采取事先制订好后备措施。一旦项目实际进展情况与计划不同，就需动用后备措施。下列不属于后备措施的是 （　　）。

A. 预备费　　　　　　B. 进度后备措施

C. 安全后备措施　　　　　　D. 技术后备措施

58. 下表给出了某项目的 4 种风险状态。根据该表，下列关于该项目概率分析的结论，正确的是 （　　）。

状态	发生的可能性	财务净现值/万元	加权财务净现值/万元
1	0.1	−500	−50
2	0.2	−300	−60
3	0.2	200	40
4	0.5	1000	500

A. 净现值的期望值为 430 万元，净现值 ≥0 的累计频率为 50%

B. 净现值的期望值为 490 万元，净现值 ≥0 的累计频率为 50%

C. 净现值的期望值为 430 万元，净现值 ≥0 的累计频率为 70%

D. 净现值的期望值为 490 万元，净现值 ≥0 的累计频率为 70%

59. 下列风险应对策略中，属于风险减轻对策的是（　　）。

    A. 建立应急储备资金   B. 降低技术方案复杂性

    C. 签订总价合同   D. 第三方担保

60. 关于项目后评价的说法，正确的是（　　）。

    A. 广义的项目后评价是指项目投资完成并运行一段时间之后所进行的评价

    B. 项目后评价的主要目的是服务于未来的项目规划，提供经验借鉴

    C. 广义的项目后评价不包括项目中间评价

    D. 狭义的项目后评价起点为可行性研究报告批复开始

二、多项选择题（共 35 题，每题 2 分。每题的备选项中，有 2 个或 2 个以上符合题意，至少有 1 个错项。错选，本题不得分；少选，所选的每个选项得 0.5 分）

61. 实行审批制决策的项目，申请安排（　　）的项目，由国家发展改革委审批或者由国家发展改革委委托中央有关部门审批。

    A. 中央预算内投资 3000 万元及以上   B. 技术方案复杂

    C. 专项规划已经明确   D. 需要跨地区、跨部门、跨领域统筹

    E. 建设内容复杂、投资规模大

62. 企业委托的项目评估侧重于项目的产品市场前景和项目本身的内部性条件，重点评估（　　）。

    A. 项目的经济性和外部影响   B. 技术方案合理性

    C. 产品的市场竞争力   D. 投资水平、资金来源、经济效益

    E. 项目本身的盈利能力和风险

63. 在项目决策过程中，对一些影响项目决策的重大或重要事项，可以开展专题研究，为决策提供补充材料，这些资料或专题报告包括（　　）。

    A. 节能审查意见   B. 市场研究报告

    C. 竞争力分析报告   D. 选址意见书

    E. 技术方案比选报告

64. 关于乙级专业咨询机构资信评价标准的说法，正确的有（　　）。

    A. 单位咨询工程师（投资）不少于 12 人

    B. 申请评价的专业应配备至少 3 名咨询工程师（投资）和至少 1 名具有本专业高级技术职称的人员

    C. 项目咨询、评估咨询、全过程工程咨询等三项服务范围内完成的单个项目投资额 15 亿元及以上业绩不少于 10 项

    D. 单位主要技术负责人为咨询工程师（投资），具有工程或工程经济类高级技术职称，且从事工程咨询业务不少于 6 年

    E. 单位从事工程咨询业务不少于 5 年

65. 企业发展规划的任务有（　　）。

    A. 促进企业结构优化和企业技术升级

    B. 推动形成产业创新机制和产生再造能力

    C. 落实企业战略目标，深入研究企业内部条件和外部环境

    D. 提出企业发展路径，确定企业业务结构和规模

    E. 确定规划期内的业务组合、投资方向和重点投资项目

66. 产业发展规划的作用有（　　）。

    A. 指导产业合理有序发展   B. 推动区域产业优势组合

    C. 落实资源条件   D. 为相关专项规划提供基础和依据

E. 促进资源合理配置

67. 根据产业发展规划工作的任务和特点，在编制产业发展规划报告时需要遵循（   ）。
    A. 持续性原则　　　　　　　　　　B. 全面性原则
    C. 可操作性原则　　　　　　　　　D. 产业关联原则
    E. 前瞻性原则

68. 产业发展规划要提出建设时序安排，要结合（   ）因素，合理安排各规划期的重点项目。
    A. 经济环境　　　　　　　　　　　B. 市场需求
    C. 支撑条件　　　　　　　　　　　D. 技术水平
    E. 发展规模

69. 土地资源利用分析评价的原则有（   ）。
    A. 和谐性　　　　　　　　　　　　B. 关联性
    C. 合规性　　　　　　　　　　　　D. 适用性
    E. 约束性

70. 土地利用响应治理指标包括（   ）。
    A. 土地退化　　　B. 土地保护　　　C. 土地整治　　　D. 土地修复
    E. 土地损毁

71. 改、扩建和技术改造项目需要了解或估算的数据包括（   ）。
    A. "增量"投资　　　　　　　　　　B. "新增"投资
    C. "无项目"投资　　　　　　　　　D. "历史"数据
    E. "有项目"投资

72. 效益难以货币化的非经营性项目，进行方案比选时可采用的比选指标有（   ）。
    A. 单位功能建设投资　　　　　　　B. 单位功能运营费用
    C. 内部收益率　　　　　　　　　　D. 投资回收期
    E. 净现值

73. 关于项目申请书（报告）涉及的生态环境影响分析的说法，正确的有（   ）。
    A. 对环境可能产生重要影响的企业投资项目，应从杜绝污染、保护生态环境的角度进行环境和生态影响的分析评价
    B. 污染物排放对生态影响的分析包括生产过程中产生的各种污染源和排放的各种污染物及其对环境的污染程度
    C. 对自然遗产、重要湿地和自然景观可能造成不利影响的项目，应重点提出生态恢复方案和措施
    D. 对于可能产生水土流失影响的项目，应重点结合旱坡耕地、森林覆盖率、人口密度等进行分析
    E. 应对项目的环境影响治理和水土保持方案的工程可行性及治理效果进行分析评价

74. 下列市场预测方法中，属于时间序列分析法的有（   ）。
    A. 成长曲线模型　　B. 点面联想法　　C. 购买力估算法　　D. 征兆预测法
    E. 指数平滑法

75. 对于企业提交的项目申请书（报告）进行评估，主要包括（   ）。
    A. 资金筹措评估　　　　　　　　　B. 资源开发及综合利用评估
    C. 财务分析评估　　　　　　　　　D. 经济和社会影响评估
    E. 发展规划、产业政策和行业准入评估

76. 企业投资项目咨询评估报告中的区域经济影响评估，主要分析评估拟建项目对区域经济

发展和（　　）等方面的影响。

A. 产业空间布局 　　　　　　　　　B. 地区文化教育

C. 当地财政收支 　　　　　　　　　D. 社会收入分配

E. 市场竞争结构

77. 关于咨询评估工作规范，下列说法正确的有（　　）。

A. 评估机构因特殊情况申请延长咨询评估工作完成时限的，延长的期限不能超过 90 天

B. 国家发展改革委委托咨询评估的完成时限不能超过 15 个工作日

C. 评估机构在评估工作过程中需要补充资料时，应书面通知评估事项的项目单位

D. 评估报告的书面通知和补充资料应当作为评估报告的附件报送国家发展改革委

E. 评估机构由于特殊原因不能在规定的时限内完成评估工作的，应当在规定的到期日前 5 个工作日报告情况

78. 在对危险废物填埋场场址进行环境影响评价时，应重点评价（　　）。

A. 场址的可靠性、安全性和风险

B. 对周围地下水环境的影响

C. 对居住人群身体健康的影响

D. 对日常生活和生产活动的影响

E. 自然灾害对场（厂）址的侵害和威胁

79. 确定建设规模需考虑的主要因素包括（　　）。

A. 市场容量与竞争力 　　　　　　　B. 合理的经济规模

C. 环境容量和自然资源供应量 　　　D. 资源综合利用、循环经济和低碳经济要求

E. 国家产业政策和技术政策

80. 建设规模合理性分析，主要从（　　）等方面考虑比选。

A. 产业政策和行业特点的符合性 　　B. 资源利用的合理性

C. 建设条件的匹配性与适应性 　　　D. 政策及规定的符合性

E. 收益的合理性

81. 在选择生产工艺技术时，应充分考虑其先进性，其先进性主要体现在（　　）。

A. 产品性能好 　　　　　　　　　　B. 单位产品物耗能耗低

C. 工艺技术的成熟程度 　　　　　　D. 劳动生产率高

E. 与项目的生产规模相匹配

82. 场（厂）址的比选应考虑的环境保护条件包括场（厂）址位置与（　　）关系。

A. 产业发展规划 　　　　　　　　　B. 城市总体规划

C. 城镇规划 　　　　　　　　　　　D. 风向

E. 公众利益

83. 现有 A、B、C 三个投资方案，A、B 方案为互斥型关系，C 方案从属于 B 方案。下列构成的互斥型方案组合种类正确的有（　　）。

A. 无 　　　　　B. A 　　　　　C . B 　　　　　D. AC

E. BC

84. 在宏观层面上，项目社会评价的目的有（　　）。

A. 促进不同地区之间的公平协调发展

B. 实现经济和社会的稳定、持续和协调发展

C. 减少或避免项目建设和运行可能引发的社会问题

D. 制订一个能够切实完成项目目标的机制和组织模式

E. 保证项目收益在项目所在地区不同利益相关者之间的公平分配

85. 城市环境项目在社会评价中应重点关注（　　　）。

A. 房屋拆迁导致居民工作和生活出现不便和困难

B. 对城市企业因搬迁而带来的就业压力

C. 贫困和弱势群体参与项目活动的机会

D. 征地占地所引起的负面影响

E. 地方政府、土地管理部门对项目的影响程度

86. 对利益相关者应从（　　　）方面分析其影响力及其重要程度。

A. 对项目取得成功的重要程度　　　　B. 对战略资源的控制力

C. 权利和地位的拥有程度　　　　　　D. 组织机构的级别

E. 利益相关者对项目的期望

87. 对项目敏感性分析结果，应着重分析论证的问题包括（　　　）。

A. 哪些不确定因素是较为敏感的因素

B. 临界点较高的不确定因素可能带来的风险

C. 确定敏感性因素发生变化的概率

D. 敏感性分析的结论和建议

E. 定量分析临界点所表示的不确定因素变化发生的可能性

88. 关于参与式方法的说法，正确的有（　　　）。

A. 参与式方法侧重于应用参与式的工具来进行数据的收集、分析和评价

B. 参与式评价主要应用于建设实施阶段

C. 参与式方法包括参与式评价和参与式行动

D. 应用参与式社会评价方法的主要目的是为了最大限度地降低投资项目的社会风险

E. 参与式行动与参与式评价最主要的区别在于，参与式行动更偏重于让项目的利益相关者在决策和项目实施上发挥作用

89. 关于盈亏平衡分析的说法，正确的有（　　　）。

A. 盈亏平衡点应按项目达产年份的数据计算

B. 盈亏平衡点可以用产品售价、单位可变成本、年总固定成本等表示

C. 当计算期各年盈亏平衡点数值不一样时，分析时应取最低值比较合理

D. 有银行贷款的项目，应按还完借款以后年份的数值计算出最高盈亏平衡点

E. 用产量表示的盈亏平衡点越低，表明项目适应市场需求变化的能力越大

90. 可行性研究阶段应考虑的技术方面的风险因素主要有（　　　）。

A. 市场预测方法或数据错误

B. 对技术的适用性和可靠性认识不足

C. 项目产品和主要原材料的供应条件和价格发生较大变化

D. 运营后达不到生产能力、质量不过关或消耗指标偏高

E. 消费者的消费习惯、消费偏好发生变化

91. 风险影响估计方法包括（　　　）。

A. 概率树分析法　　　　　　　　　　B. 蒙特卡洛模拟法

C. 决策矩阵法　　　　　　　　　　　D. 主观概率估计法

E. 客观概率估计法

92. 描述风险变量偏离期望值程度的绝对指标有（　　　）。

A. 期望值　　　　　　　　　　　　　B. 密度系数

C. 方差　　　　　　　　　　　　　　D. 离散系数

E. 标准差

93. 投资项目风险识别报告应包含的内容有（　　　）。

　　A. 风险大小　　　　　　　　　　　B. 风险源的类型和数量

　　C. 风险的来源　　　　　　　　　　D. 风险可能发生的部位

　　E. 风险的相关特征

94. 某项目设计生产能力为 100 万 t。在达产年份，预计销售收入为 4500 万元，固定成本为 800 万元，可变成本为 2450 万元，均不含增值税，销售税金及附加为 50 万元，则下列说法正确的有（　　　）。

　　A. 生产负荷达到设计能力的 40%，即可实现盈亏平衡

　　B. 项目达到设计生产能力时的年利润为 1250 万元

　　C. 年利润达到 800 万元时的产量是 80 万 t

　　D. 维持盈亏平衡时产品售价最低可降至 32.5 元/t

　　E. 项目单位产品的可变成本为 24.5 元/t

95. 项目后评价报告内容中，生产运营评价内容包括（　　　）。

　　A. 生产运营能力达标评价　　　　　B. 主要原材料供应评价

　　C. 节能减排效果评价　　　　　　　D. 工艺技术及设备运行评价

　　E. 工程竣工验收评价

2025 年全国注册咨询工程师 (投资) 职业资格考试 预测试卷 (二) 参考答案

1. C	2. B	3. D	4. A	5. B
6. D	7. C	8. A	9. B	10. B
11. B	12. C	13. C	14. C	15. D
16. B	17. D	18. C	19. D	20. D
21. A	22. A	23. D	24. A	25. B
26. A	27. D	28. A	29. B	30. D
31. A	32. C	33. B	34. B	35. A
36. C	37. B	38. C	39. D	40. B
41. D	42. C	43. D	44. C	45. D
46. C	47. B	48. C	49. B	50. A
51. D	52. D	53. C	54. D	55. D
56. B	57. C	58. C	59. B	60. D
61. AD	62. BCDE	63. BCE	64. BD	65. CDE
66. ABDE	67. ACDE	68. BCD	69. ACD	70. BCD
71. ABCE	72. AB	73. BDE	74. AE	75. BDE
76. ACDE	77. CDE	78. BCD	79. ABC	80. ABCE
81. ABD	82. CDE	83. ABCE	84. ABC	85. AB
86. ABCD	87. AD	88. CDE	89. ABE	90. BD
91. ABC	92. CE	93. BDE	94. ACE	95. ABCD

—